ダイニング・キッチン

↑

**カウンターキッチンから
壁付けキッチンへリフォーム。
床面も広くなり、すっきり空間に**

義母と同居するにあたり、キッチンをリフォームしました。カウンターキッチンをやめて、L字の壁付けキッチンへ。ダイニングの床面が広くなり、通りやすくなって義母も、これからの私たちも安心です。柱はどうしても抜けなかったのでそのまま残し、ダイニングテーブルをオーダーで作ってもらい柱にはめ込む形に。この柱がなければと思ったこともありましたが、今はこれこそわが家、と気に入っています。

キッチン

**カウンタートップには
ものを出しっぱなしにしないルール。
すっきり、清潔なのが気持ちいい！**

システムキッチンに合わせて食器棚も白に統一し、クリーンな印象に。調理器具や調味料はすべて引き出しにしまっているので、油でギトギトになることがありません。ものを出しっぱなしにしないからこそ、掃除がラクで、清潔さを保てるのです。そして、引き出しにしまっても取り出しやすいよう、数を絞り、入れ方にも工夫をこらしています。料理がラクに楽しく続けられるキッチンです。

吊り戸棚

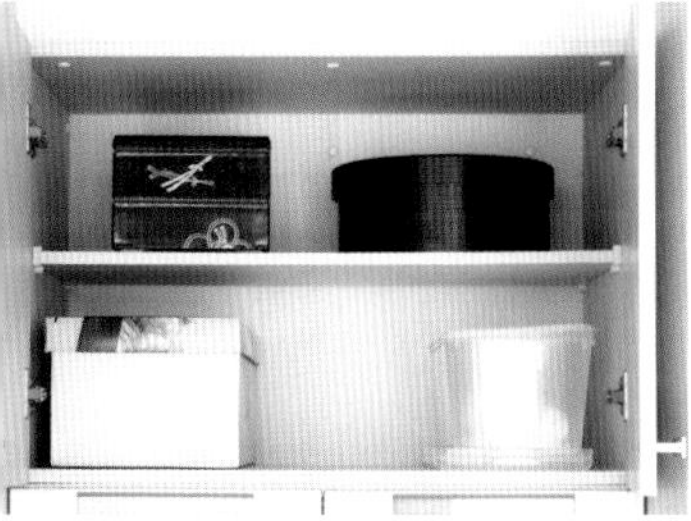
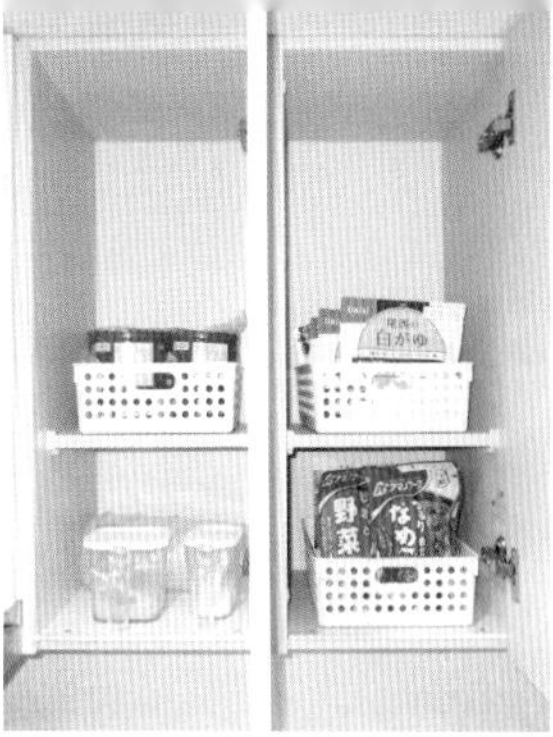

↑ 使用頻度が低いもの、軽いものの場所

この先はどんどん腕が上がらなくなってくるはず。ですので、吊り戸棚にはあまり出番のないものを収めます。お重や茶道具セット、非常時用のレトルト食品やビスケットをここに。また、ふきんやキッチンペーパーなど軽いもののストック類も。厳選しているので、スペースの余裕がたっぷり！

引き出し

上段

↑ サッと取り出したい調理器具、調味料の場所

IHクッキングヒーターのすぐ下の引き出しを調味料やキッチンツールの定位置に。ツール類はパッと手に取れるように、プラスチックのカゴでざっくりと分類しています。調味料は上から見て何が入っているかわかるように、中が見える保存容器に入れてふたに目印を。すべて数を絞っているので、取り出すのも戻すのもストレスなし。

キッチン引き出し

中段・下段

←

IHの下にはフライパン、鍋を。その下には油類やふたを立てて収納

IHクッキングヒーターの下の深い引き出しにはフライパンと鍋。その下の深い引き出しには、油類やふたを。自立しないふたは、ファイルケースに立てています。お昼ご飯を作ってくれる夫にわかりやすいよう、インスタントラーメンやパスタ類もここに収め、少ない動きで調理できるようにしました。

→

シンクの下にはふきんやゴミ袋。資源ゴミの待機場所もここ！

シンクの下には水回りで使うふきんや洗剤、ゴミ袋などを収納。プラスチックカゴで仕切ると取り出しやすく、見た目もすっきり整然とします。また、1つ余っていた引き出しは資源ゴミの収集日までの待機場所に。「ゴミはゴミ箱に入れるもの」という固定観念を改めたら、ゴミ箱をなくすことができ、いっそうのすっきり空間に。

ゴミ袋はダンボールにかけて、自立させるように。こうすると1枚ずつサッと取り出せます。

腰から目の高さまでが「ゴールデンゾーン」

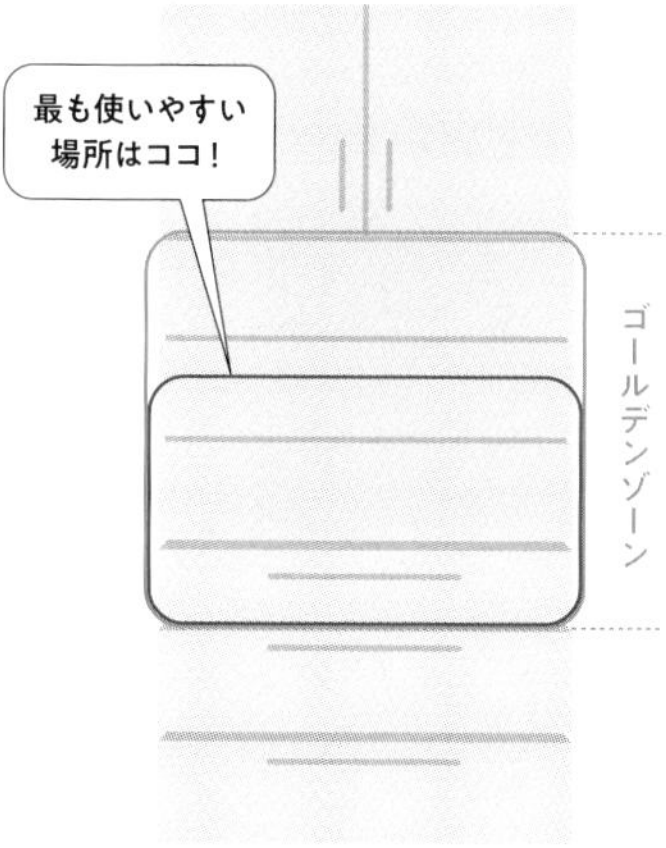
最も使いやすい
場所はココ！
ゴールデンゾーン

(←)

食器棚やシステムキッチンは“ゴールデンゾーン”を意識して収納しています

収納では、腰から目の高さまでを“ゴールデンゾーン”と呼び、最も出し入れしやすい場所とされています。効率のよい収納を考えるなら、ここに使用頻度の高いものを収めるとラク！　年齢を重ねていくうちに腕が上がりにくくなり、自分にとってのゴールデンゾーンが狭くなっていくので、出し入れしづらくなったら見直していきましょう。

(→)

ゴールデンゾーンには毎日使うお皿を収めて。重ねすぎないことで、出し入れがスムーズに

使いこなせていなかった食器を手放して、お気に入りだけが詰まった食器棚。重ねすぎないので取り出しやすく、食事の準備が楽しくなりました。お気に入りは下から2段目右にある「アラビア」のエステリ ボウル。サラダでもスープでも、なんにでも使える直径13cmの器です。汎用性が高い食器を選んでおけば、少ない数でも十分間に合います。

引き出しの中には茶碗と汁椀、カトラリー類を。一度開けるだけで食事に必要な食器類がすべて取り出せます。

クローゼット・押し入れ

↑

色ごとに分けた洋服がずらり。開けるとワクワクするクローゼットに！

上段はトップス、下段はボトムス。淡い色から濃い色をグラデーションにして整然とハンガーにかけています。スカーフや帽子は扉裏のバーやフックにかけて。お気に入りの洋服だけが詰まったクローゼットです。

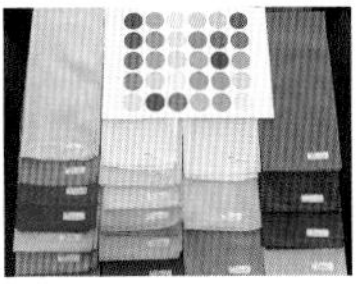

「15分類進化型パーソナルカラー診断」で似合うと診断された色の布。新しく洋服を買うときはこれを基準にしています。

↓

自立しないバッグはS字フックで吊り下げて

自立しないバッグはS字フックにかけて吊るす収納に。ジムに行くときのバッグはイスの上が定位置。どんなものにも住所を決めておけば、散らかりません。

→

押し入れの客用布団を処分したら季節家電もゆうゆう収まるように

私の部屋の隣の和室には押し入れがあります。ここも長い間客用布団に占拠されていたのですが、処分したら季節家電やシーズンオフの寝具などがきっちり収まりました。寝具を入れているのは「イケア」のSKUBB（スクッブ）。重ねると下のものが取り出しにくい寝具類を立てて収納できるところがお気に入り！

50代でやっと手に入れた自分の部屋。お気に入りをコツコツと集めています

娘が昔使っていた学習机の本棚部分を外して、ワークデスクに。ここは私のお城。お気に入りのファブリックパネルを壁にかけたり、窓にグリーンを吊るしたり、好みのインテリアに近づけています。太陽が燦燦と降り注がないところも、ちょっと暗めの部屋が好きな私にぴったり。

大きな文字の「大活字本」。メガネをかけなくてもこれなら読めるので気に入っています。今は向田邦子作品を読んでいます。

私の部屋

この空間でブログを書いたり、仕事をするのが至福の時間です

日中だけでなく、深夜早朝も書きたいと思ったらブログやコラム原稿を書いています。自分の部屋なら誰に気兼ねすることもなく、その時間が取れるのでとっても嬉しい！　クローゼットや備えつけの収納庫にものを収めているので、部屋じゅうすっきり。集中して仕事に取り組むことができます。

料理のひと工夫

お惣菜やレトルトを使って、料理をラクにしています

子育て中は一汁三菜を守っていましたが、50代に入ってからはできるだけラクをしておいしく食べる工夫をしています。お惣菜やレトルトを使うのも解禁。ただしそのまま食べると、手を抜いているのでは…という罪悪感があったり、味が濃かったりするので、私なりに工夫をしています。

「ポテトサラダ」はゆでブロッコリーを加えて彩りアップ！

パウチ入りの「ポテトサラダ」はゆでブロッコリーとあえて。この日のメインは豚ロースの梅しそ巻き照り焼き。そのほか、カットトマト、かぼちゃを炊いたものと具だくさんのけんちん汁、漬け物の献立です。

「ひじき煮」は豆腐とあえて即席白あえ風に

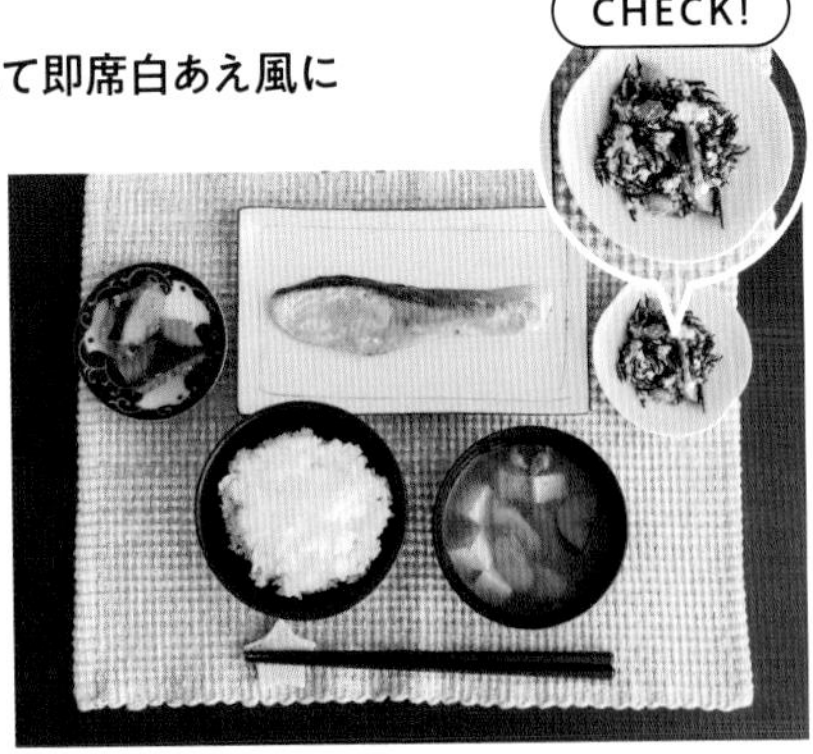

パウチ入りの「ひじき煮」は水切りをした絹豆腐とあえて、白あえ風に。ほどよく味も薄まって食べやすくなります。豆腐のおかげでのど越しがよくなり、義母にも食べやすそうです。この日は焼き鮭をメインに、白あえ風、前日と同じかぼちゃを炊いたものと具だくさんのけんちん汁の献立でした。

いろいろなものを
手放して、
人生の第二幕へ

50代はやめどき、捨てどき、楽しみどき

原田さよ

はじめに

私の暮らしは50歳ではじめた片付けによって劇的に変わりました。

現在は主婦ブロガーとして、整理収納アドバイザーの資格を生かしながら記事を書いています。定年後、継続雇用で働いている2歳年上の夫と、要介護2となった義母との3人暮らし。私は、47歳のときに関節リウマチになったため利き手が少しだけ使いにくいものの、ほぼ元気に暮らしていて、娘が1人、孫が2人います。

障害のある息子がいましたが、今からちょうど10年前の2013年の春に亡くなりました。このことが、家じゅうの片付けをする大きなきっかけになりました。これから先の法事はできる限りわが家でしていこうと決めたので、まず、ものでいっぱいだった和室やリビングを片付けることからはじめました。あのままでは、人に入ってもらえる状態ではなくて。

いわゆる「汚部屋」ではなかったものの、私は捨てることが下手で、なんでもため込んでしまうタイプ。収納家具や押し入れは、ものでいっぱいでした。入りきらないものは家具の外に置いていたし、テーブルやテレビ台、キッチンカウンターの上もごちゃごちゃ。それはまるで、私自身の頭の中のようでした。

くつろげる場所は少なかったし、探しものも多くて、大事なものほどいざというときに見つからず、いつも困っていました。そんな状態でしたから、そのときのわが家は決して居心地のいい場所とは言えませんでした。車で出かけて用事をすませて帰ってきても、散らかった家に入るのが嫌。ガレージで気持ちを切り替えてからでないと、玄関のドアを開けられないこともあったほどでした。

捨てるのが下手なことは自覚していたけれど、家が片付かないのは手のかかる息子と暮らしているせいだとずっと思っていました。でも、それは違うのでは？私自身の問題だったのでは？　家だけでなく、私の頭の中も散らかっていたから苦しかったのかもしれないと、50歳にしてようやく気付けたのです。

そして51歳のとき。家じゅうを片付ける中で「さよのシンプルライフブログ」というブログを開設しました。片付けることでこれからの家と暮らしを変えていきたい、自分も変わりたい。そして、この過程をありのまま記録していこうと思い立って。

「いったい何からすればよいのやら」と、片付けはじめたころにはため息が出たものですが、ものでいっぱいだった家がすっきりしていくにつれ、片付けの効果が次々と表れはじめました。

まず、探しものがなくなり、「見つけられないから買う」という無駄がなくなりました。夫から「あれどこにある？」と聞かれることも、もうありません。いつのまにか床置きしていたものもなくなり、つまずいてケガをするかもしれないという心配もしなくてすむように。気付けば、狭い部屋でも広く使えるようになっていて、掃除もラクになりました。

それだけじゃない。家事全般、グンと効率がよくなっている。家事がはかどるようになると、１日の予定がこなせなくてイライラすることも減りました。そして予定がスムーズにこなせるようになると、自分がしたいこと、好きなことに時間をまわせるようになりました。身体がラクなのはもちろん、気持ちがどんどん前向きに。私のこれからは明るい！きっとできる！という自信もついてきました。同時に、今まで自分が何を大事にしてきたか、してこなかったかもわかり、これからの私に本当に必要な「こと」が何なのかも理解できるようになりました。

あれから9年。60歳手前になってもまだ片付けをしていて、ブログを書き続けているとは思ってもいませんでした。続けてきたのは、50代の日々には予想以上に変化があり、考えたり選択したりしないと前へ進まないということがたくさんあったから。娘の結婚、ひとり暮らしだった義母を呼び寄せての同居、それに伴うバリアフリーのリフォーム、夫の実家の処分やお仏壇の処分、義母の要介護度の変化、孫たちの誕生、夫の定年、私のリウマチの手術、実家の母の老人ホーム入居などなど。なにかと気ぜわしいだけでなく、その都度適切な対応が必要になりました。想像していた50代はもっと余裕があるものだったのですが、思ったようにはいかないものです。

この本はそんな50代を過ごしてきた私がこの先を見据えて、やめたり、変えたり、捨てたりしてきたものをまとめた、『もの』と『こと』の片付け記録。ブログでも反響のあったテーマや、シニア手前でやっておいてよかったこと、今だからできたこと、今でなければできなかったことを綴っています。

これからはもっと自分を認めて、楽しんでいこう。やりたいことは我慢せず、遠慮せずやってみよう。人生は思ったより長そうで、先が見えるようで見えない。でも、変えられる。必ず変われる。どんなに悩みを抱えていても、スローペースでも、その道のりはきっとワクワクして楽しいはず。

どちらかというと深く考えすぎで、捨てるのもやめるのも下手。なんでも周りのせいにして逃げてきたような私が、片付けをはじめてからの9年間でこう言えるようになりました。

50代の自分（あなたも）、よくがんばった。さあ、次は60代。いよいよ突入するシニア世代も、片付けを味方にしながら軽やか〜にいきましょう。

50代はやめどき、捨てどき、楽しみどき

目次

2章 50代は捨てどき

3章

50代は楽しみどき

1章
50代は やめどき、変えどき

①「全部手作りのおかず」をやめた

50代に入って数年でがんばらなくなったのが家事です。特に、日に3回はやらなければいけけない料理。いかにラクにするかを考えてきました。

●おかずは全部手作り

●一汁三菜を守る

まずは、長年続けてきたこの2つのルールに縛られないことを目指しました。

そこで、**お惣菜や冷凍食品、レトルトや半調理品を使うようにしました。**これはこれで高くつくので、1日1品程度に。それでも、「全部手作りしなきゃ」と思っていたころよりずいぶんラクです。

また、一汁三菜にこだわるのもやめようと思いました。年齢の近い友人たちと話していると、「母がちゃんと料理をしてくれたから、自分もそうするのが当たり前と思ってやってきた」ということをよく耳にします。「手作りこそ愛情の証。一汁三菜は当たり前」とまでは言われなかったにせよ、いつのまにか私も、家族のためにちゃんと料理をすることが正しいと思い込んでいました。料理に対する重圧というか、呪いのような気持ちを抱えていたのかもしれません。同じように感じている方もいらっしゃるでしょうか。

子どもたちが小さなうちはとにかく手作りでがんばりました。おかずだけでなく、おやつもほぼ手作り。ところが娘が家を出てひとり暮らしをはじめ、息子が施設に入所したあたりから、なんでも手作りするのが面倒に。もっと正直に言うと、夫のためだけにまじめに料理をすることが嫌になってしまいました。口下手な夫はおいしいとも言ってくれないし、なんだか虚しくて。それで徐々に、お惣菜や冷凍食品を使うようにしました。意外なことに、同じような時代を生きてきた夫が、そのことについてまったく不満を言いませんでした。それどころか、「今どきのお惣菜や冷凍食品って、おいしいんやなあ」とのんきに言うではありませんか。こだわっていたのは私だけだったのです。

介護が必要になってきた義母と同居することが決まったときも、「まじめに料理をしなくては…」と思いましたが、すぐに力むのはやめました。ついついがんばりすぎて、倒れそうになるほど辛くなった昔を思い出したからです。今は義母のおかずの中にも、お惣菜や冷凍食品を足して出しています。決まった時間に、なるべく栄養を考えて温かいものを出す。これさえ守れていればよしとしました。

とはいえ、お惣菜や冷凍食品をそのまま出すのはやっぱり気が引けるという方も、いらっしゃるかもしれません。そんなときは、**ひと手間だけかけるのはいかがですか**。ここで私のアレンジ法をご紹介します。

ほうれん草のお浸しやひじきの煮物を買ってきたら、絹豆腐を水切りして加え、白あえ風にしています。また、インスタントのお味噌汁には、キノコ類や水菜をレンジで加熱したものをプラスします。冷凍のハンバーグを使うなら、スライサーで千切りにしたたっぷりのキャベツと、小さめに切ったブロッコリーを一緒にレンジ加熱。キャベツもやわらかくしたほうが量を食べられていいですよ。レンジ加熱したキャベツとブロッコリーを皿に盛り、その横に湯せんした冷凍ハンバーグをソースごとのせる。こんなふうにすると冷凍のハンバーグが立派なメイン料理に。たっぷりのソースごと野菜をいただけるので、濃い味の市販品がさっぱりと食べられ、栄養バランスも整います。

もう1つやめたことがあります。それは、「よりおいしく作ろうと力むこと」。これまでの私は、筑前煮やおでんなどは、具材をそれぞれ下ゆでしてから煮合わせるという作り方をしてきました。そのほうがおいしくなると思っていたからです。でも今はそれをやめ、全部一緒に煮てしまうように。それでもまあおいしくできます。**まあまあ、でいいのです。**

買い物はネットスーパーをフル活用して、手間を減らしています。ただ、ネットスーパーはどうしても割高です。実際に触れて選べないという難点もあります。けれど画面上で商品を見ながら金額を計算したうえで注文するので、無駄なものを買わずにすむというメリットがあります。無駄な出費が減るうえに、買い物に使う往復の時間も浮きます。この先、年齢を重ねていく私たちにとって、重たいものを玄関先まで運んでもらえるのも助かります。ネットスーパーを活用することで浮いた時間を、仕事やほかの家事、介護に充てることができています。

家事のハードルを下げる方法はいくらでもあります。これまでの思い込みを減らしてみると、それが見つかるはずです。

②「当たり前」をやめた

「当たり前」にしていたことが、じつは手間を増やしていたということがありませんか？　50代になって私がやめたのは、お風呂やシンクの排水口にふたをすることと、家のあちこちにマット類を敷くことでした。

もともとが面倒くさがりな性分です。お風呂の排水口にふたがあると、中が見えないのをいいことに「まだ掃除はいいや」となりがちです。でも、ふたを外したら、ゴミや髪の毛が網にひっかかっているのが見えて気になり、その都度掃除するようになりました。汚れがたまらないのは気持ちがいいものです。同様に、キッチンシンクの排水口のふたも外しました。いずれも、なくても困らないし、ないほうが掃除がしやすいのです。

そのときにふと気付きました。**当たり前にあるものでも、使わないといけないわけじゃない**。変えても大丈夫そうなことが、まだあるかもしれない――ほかにも探してみることにしました。

次に、マット類を敷くのをやめようと思いました。家じゅうにあるマットを撤去するのです。まずはキッチンマット。掃除機もかけにくいし、足にひっかかってつまずくこともありました。そこでマットを外して、汚れたところだけをその都度サッと拭くように。こうしたら、ほどほどにきれいな床を保てるようになりました。

さらに玄関マットも外してみましたが、なくてもまったく困りません。そしてトイレマットも撤去。これで洗濯の手間がなくなりそうです。そしてなにより、見た目がすっきりしてよいと思っていました。

ところが、トイレマットを外してしばらく経ったころ、新型コロナ流行拡大の影響で夫がリモートワークになりました。ここで、夫が1日仕事をする2階のトイレに、ちょっとだけ問題が。トイレは、女性だけが使うなら尿が飛び散ることもなく、マットがないほうがラクに掃除ができます。でも、男性が使う場合はそうはいきません。夫が2階のトイレを使う頻度が激増したうえに、トイレの床は長年使っているせいか水気が染み込みやすくなっているクッションフロア。それなら、マットを敷いて洗うほうがラク。というわけで、夫が使う2階のトイレのマットだけは復活させました。マメな拭き掃除より、洗濯機に小さなマットを洗ってもらうほうを選んだわけです。これで、まあまあラクで、まあまあ気持ちいい状態を保てるようになりました。

いるいらないは、やってみないとわからないこともあります。年齢を重ねていけば、そういう選択をしないといけない場面がほかにも出てくるでしょう。小さなことですが、マットをやめたり復活させたりすることは、いい勉強になりました。

もう1つ。冷蔵庫のドアポケットについていた棚も、観音扉の両側から1つずつ外しました。棚を外さないと、料理酒やしょうゆといった背の高い調味料ボトルが入れられなかったからです。棚を外したことで、余裕で出し入れできるように。卵用の穴の空いた棚も、私には不要でした。卵パックから1個ずつ入れ替えるなんて面倒で、使っていませんでしたから。こちらも外してすっきり！

ただし、外したそれらの棚は、なかなか捨てられませんでした。もしその棚が必要になったとき、品番を確かめてメーカーに注文しないといけないなんてことになったら、とても面倒。だから、使わないとわかっているのにしばらく捨てられなかったのです。でも3年経ったあたりで捨てました。この間、出番がなかったのでもう大丈夫。この先は、使い勝手が向上するなら、あるのが当たり前と思っていたものも処分して、心地よく過ごしていきたいです。

③「まじめな洗濯」をやめた

丁寧な暮らしや丁寧な家事は、私にはできません。ただ、まじめにやってきたことはあります。それは寝具を洗ったり、布団を干したりすること。面倒な掛けカバーはたまにでしたが、敷きパッドはしょっちゅう洗濯していましたし、布団干しは、天気が悪い日を除けば毎日していました。自分が気持ちよくいられるからです。

でも年齢を重ねるにつれ、それがしんどくなり、どんどんサボるようになりました。50代に入ってからは、シーツやカバーを洗う頻度をぐっと低くしました。夏場はさすがに気になるので増やしますが、「○日に1回は必ず」というルールは終了。布団干しは月に2、3回に。布団乾燥機を買おうかと毎年のように考えるのですが、手入れや置き場所を考えるとなんだかおっくうで、まあいいかと様子見です。

以前、私のブログの読者さんから洗濯頻度の目安についてご質問をいただいたことがありました。「今ちょっと心がしんどいです…」という状況とのことでしたので、「がんばりすぎず、どうぞ自分をラクにしてあげてください」とお返事しました。

よそはよそ、うちはうち、「まあまあ」でいいと思います。この「まあまあ」は、あいまいですが、自分がどうしたいか、どのくらいならラクで納得できるかと考えれば答えは出ます。気になったときが洗濯どき。私はこれくらいでもいいと思っています。**「まあまあ」は自分で決めるのがいちばん。**

洗濯については、私にも、1つ聞いていただきたいことがあります！

夫はごくたまに、裏返したままの靴下を洗濯機に入れてしまうことがありました。私はそれに気付かず洗濯機を回し、干すときにはじめてわかり「ああ、面倒くさい〜」と思いながら靴下を表に返していました。めったにないことだし、夫は足が少し悪いのでうまく脱げないこともあるのでしょうね。黙っていたのですが、ある日とうとう言いました。「靴下は表にしたまま脱いで洗濯機に入れて」と。

夫はなんと答えたと思います？　涼しい顔で「裏返っているものは、そのまま干して返してくれたらいいよ。履くときに表に返すし」ですって。そうか、本人がそう言うならいいかと、裏返ったままのときは、そのまま洗って干し、乾いたらそのまま夫に渡すようにしています。はい、とてもラクです。靴下は裏返しのまま洗ったほうが内側の汚れも落ちるそうですしね！

それまで当たり前にやってきた家事を、年齢を理由にやめるのは寂しいと思う人がいらっしゃるかもしれません。あるいは、なにかに「負けた」と感じる人もいるでしょうか。でも、そろそろラクなほうを取っていいと思うのです。目標をゆるめて、そのやり方を続ける。このほうが体力も気力ももつので、ほどほどに気持ちいい状態を長く保てると思います。

④「ゴミの捨て場所」を変えた

思い込みを捨てて、ゴミとゴミ袋の収納方法を変えたら、とてもラクになりました。ゴミとは、缶やペットボトルなどの資源ゴミ。

家じゅうの片付けをはじめて2年ほど経ったとき、それまで勝手口の外のゴミ箱に入れていた缶やペットボトルのゴミを、食器棚下の引き戸の中に捨てるようにしました。ものをたくさん処分するうちにスペースができたからです。

さらに2年後、私が54歳のときにキッチンのリフォームをしました。義母の同居のタイミングで、少しでも安全なようにと床を広く取ることに。そのため、カウンターキッチンから壁付けのシステムキッチンに変えたのです。床が広くなったのはよかったのですが、食器棚も小さいものに替えたため、それまでのように資源ゴミを入れるところがなくなりました。さて、困った。

でも、よく考えてみれば、義母と私たち夫婦の3人になってからは缶やペットボトルのゴミはあまり出なくなっていました。そもそも、缶やペットボトルのものは、できるだけ買わないように努めてもいました。なぜなら私の住むエリアでは、資源ゴミの回収が月に1度ということもあったからです。

そこで、使用後の缶やペットボトルは思い切ってシステムキッチンで1つ余っていた引き出しを一時置き場として使ってみることにしました。1個1個洗ってから捨てるのだし、引き出しの中に入れてもまあいいかと思って。その引き出しは食器洗浄乾燥機の下にある、何を入れればいいか迷っていた引き出しでした。

とはいえ、空き缶や空いたペットボトルを引き出しに入れるなんて、考えたことがありませんでした。でも、これが想像以上に便利！

食器洗浄乾燥機は、キッチンのシンクのすぐそばにある。ということは、その下にある引き出しも、シンクのそば。シンクで缶やペットボトルを洗ってしばらく伏せておき、乾いたら少ししゃがんで食器洗浄乾燥機の下の引き出しにしまうという流れ。「引き出しにゴミ？」と思ったけれどとても便利で、やってみてよかったと思っています。

また、ゴミ袋の収納方法も変えてみました。以前は、ゴミ袋やポリ袋はスーパーに売っている状態のまま引き出して使っていました。でもこのやり方だと、次の袋もいっしょについてくることがあり、イラッとしてしまう。

まず試したのが、SNSで知った100円ショップにあるゴミ袋専用のプラスチックケースを使う収納。でも、これは上手に使えませんでした。見た目にはすっきりしていても、肝心のゴミ袋を取り出すのがうまくできなくて。せっかちな私には向かなかったのでしょうね。

そこで、もっとシンプルな方法に。ゴミ袋を買ったら外袋を捨ててすべて出し、まとめて2つ折りにした状態で、シンク下の引き出しに立てて入れるようにしてみました。2つ折りにしたゴミ袋の中には、倒れないようダンボール箱を切ってはさんで。

こうすると、ゴミ袋がただ重なった状態で立ててあるだけなので、1枚欲しいときは、一番上にあるゴミ袋をそのまま取るだけ。カサカサな指先でも、すぐそばにある水道でちょちょいと水をつければ大丈夫。

ダンボールは虫がつくかもしれないのでときどき替えますが、ゴミ袋の収納方法はこれが気に入ったため5年間変えていません。案外、シンプルなやり方が便利なのです。

こうでなければとか、これじゃダメだとかいう気持ちを、いったんリセットする。**自分の家です。気持ちよく使えている、便利に使えているということであればそれがいちばん！**　これは、年齢を重ねていくこの先でも、とても大事なポイントになりそうです。

⑤「通販での買い方」を変えた

通販で買いたいものが3000円、送料は600円。送料無料になるのは3980円以上、あと980円買えば無料になる。さあ、みなさんならどうしますか？

私は、980円のものを探すタイプでした。送料を無料にするために、無理やり使いそうなものを探すのです。前から必要だったものが、たまたまあったなら最高。でもそういうケースはめったになく、ものが増えただけだったと、がっかりすることが多かったです。

●送料無料にするために買うものを探すのに時間がかかった
●買い足したものは、たいてい必要のないものだったこんな始末です。時短のために通販で買い物することにしたのに、送料無料にするためにあれこれ探すなら、余分に時間がかかります。その時間が、ワクワク楽しいならいいんです。でも「あと９８０円、なんとか探さないと」「９８０円で買ってよかったと思えるものでないと」などと考えながらなので、私はたいてい楽しくなかったのですよ。

帳尻合わせに買い足したものは、あまり大事にしなかったり、使わないままだったりということになりがち。結局どこかに不満が残る気がします（もちろん、上手に送料無料にしているお買い物上級者さんは別ですよ）。

年齢を重ねていくこれからは、買って後悔するより、買わずに後悔するほうがマシな気がします。一度手に入れたものは、使おうが使うまいが捨てにくいし、捨てるには体力と気力がいることを身に染みて知っていますから。

先日、通販でファブリックパネルを買いました。気に入ったものがあったのですが、２か月くらいはネットショップのカート（買い物カゴ）に入れたまま検討していました。品代３３００円に、送料が７００円かかるのです。２番目に気に入っていたデザインのほうは、４９８０円で送料無料。「送料無料か…」とひかれましたが、やはり１番気に入っていた３３００円のものにしました。届いて、眺めて、大満足。送料がかかったことはもう忘れていました。もし無理に**第２候補のほうを買っていたら、いずれ「やっぱり１番のほうにしておけばよかった」と後悔したことでしょう。**

そもそも送料って高いのでしょうか？　払うともったいないのでしょうか？遠くのお店に行くなら、往復するにも時間を取られます。もし近い場所にお店があったとしても、行けばきっと私はほかのものもカゴに入れてしまう。若いころと違って店内を歩けばすぐ疲れるから、缶コーヒーの１本も欲しくなるかも。オンラインで注文すれば、家から出なくても数日のうちに届けてもらえます。

喉が乾いても、家にいればインスタントコーヒーをサッと作れます。家で飲むコーヒーは150円もしません。よけいな時間もかからず、よぶんな買い物もせずにすむのです。必ず欲しいものなら、送料は決して高くないということに気付きました。

まだまだ生きていくことになりそうな人生。体があまり動けなくなっても利用できる通販は、この先さらに大きな楽しみになることでしょう。車を運転できなくなったら、生活必需品の大半も通販で買うことになり、ますます必要不可欠なものになっていくでしょう。だからこそ今のうちから、その場その場のお得感につられないように、賢く、ありがたく、通販を楽しめるようにしておきたいです。

⑥「おしゃれな収納」をやめた

50歳で家じゅうの片付けをはじめた当時、SNSや雑誌などで見かける今どきのおしゃれな収納に憧れる気持ちがありました。ずらりと同じ収納ケースが並んでいる吊り戸棚や引き出しの中。色も形も揃っていて、すっきり、おしゃれ。ああ、うちもこうしたい！

そんな私がまず失敗したことがあります。最初に収納グッズを買ってしまったのです。ある程度ものを減らし、これなら収まるかなと100円ショップで収納グッズを買ってきてパズルのように並べ…、「さて、中に何を入れよう?」。

今ならわかるのです、形だけまねしてもうまくいかないことが。何をどこにどう入れたらいいかを考えてから収納グッズを買わないと、せっかくの収納グッズが空っぽのまま余ってしまうことに。これ、「やってはいけない収納」の1位にくるのではないでしょうか。

そのとき買ってしまった収納グッズは別の場所で使えましたが、それはたまたま。あれ以来、最初によく収納プランを考えてから、収納グッズを買うようにしています。そもそも、家にあるもので間に合えばそれに越したことはないのです。今は小さな空き箱や昔の収納ボックスも再利用して使っています。おしゃれな収納グッズばかりあっても片付きません。どうしても見た目を揃えたくなったら、収納がうまくいっていると確信できてからにすればいいのです。

これからの私たち世代に必要なのは、おしゃれな収納より、わかりやすい収納。

もともとセンスがある人は年齢を重ねてもおしゃれでわかりやすい収納にすることができるでしょうが、私は整理収納アドバイザーの資格をとった今もおしゃれな収納はできそうにありません！　でも、私は私。整理収納で学んだことをベースに、わかりやすい収納にするのがいちばんと思って片付けています。

ところで、シニアに向かっていくこれから、「わかりやすく、使いやすい収納」とは、どんなところに気をつければよいでしょうか？

ずばり、「なるべく少ない動きでものの出し入れができるようにする」。これが、年齢を重ねてからも無理なく動けて、ラクできるポイントです。

どの年齢層にも言える整理収納の基本ではあるのですが、とくに年齢を重ねると疲れやすくなってきますので、「少ない動きで」という点が肝心です。よく使うものを出し入れしやすい位置に収納するのはもちろん、動線上によけいなものを置かないことも大事。ケガやヤケドなども避けられ、安全にもつながります。

そのためには、ものの総量を減らしたほうがいいのです。スペースに余裕があるほうが、出すのも戻すのもラクですから。キッチンなら、道具をたくさん持つのをやめてみる。今あるお鍋や保存容器はすべてスタメンで使っているか、菜箸やお玉が多すぎないかなども、確かめたいところです。使わないものは処分するか、大事なものなら別のところへまとめて収納するなどして、日常での出し入れがラクにできるように変えていきたいですね。

出し入れがラクにできる高さ（ゴールデンゾーン）とは、目のあたりから腰のあたりまでです。この範囲も、年齢を重ねるに連れ、狭くなっていきます。肩が上がらなくなってくると高い位置にある吊り戸棚は不便だし、かがみこんで出し入れする床下収納も使いにくくなっていきます。背の高さや足腰の状態など、個人差はありますが、そういった場所にはなるべくものを置かないですむようにしたいものです。

もし、高い位置にある吊り戸棚を使うなら、あまり出番のない備蓄用品やイベントで使うものなどをしまうようにするのがおすすめです。私は、長期保存のできるフリーズドライ食品や、防災備蓄用のお菓子缶などを入れています。

実母や義母を見ていて思います。できるだけ長く、自分で家事をしたいと。とくに料理。頭と身体を同時に使ってする料理が、主婦の私にとって大切な脳トレになると感じるからです（若いころは少しでも早く解放された〜い！と思っていたのですけどね）。そのために、無理をしないとキープできないようなおしゃれな収納はやめ、使いやすくわかりやすい収納を目指します。

また課題は出てくるでしょうが、**使いにくいと感じたらそのときが見直しどき**。ラクな収納を目指して、これからもワクワクしながら改良していきたいです。

⑦「危険な収納と疲れる収納」をやめた

これからは、なるべく少ない動きで出し入れできるようにすることと、出し入れがラクにできる高さを意識するのがポイントとお伝えしました。ここではもう少し詳しく、わが家の収納をどんなふうに変えてきたかをご紹介します。

まず最初にやめたのは、「危険な収納」です。

わが家は狭いわりに収納スペースが多く、それに合わせてものも増やしてしまいました。2階にあるロフトや屋根裏収納までフルに活用していたのです。でも次第に、ロフトも屋根裏収納も使いにくくなってきました。そこへ上がるには重たいはしごをかけねばならず、なんとかのぼったはいいけれど、天井が低いので中腰になるし、ものを持って下りるにも足元が怖い。だんだん1人では心もとなくなり、夫に頼むようになりました。その夫も、「ここはもう使いにくいなあ」と言いはじめました。

そうなんです、お互い年を取りました。怖いことはやめるに限りますね。ケガでもしたら治るのも遅いし、大変です。まず、ロフトや屋根裏に置いてあるものの片付けを徹底しておこないました。捨てずに取っておくものは別の場所で収納できるようにと、押し入れや造りつけの収納棚も片付けて。今は、ロフトにも屋根裏収納にも、ほとんどものは置いていません。「収納があるなら使うべき」という思いもすっかりなくなりました。

危険といえば、廊下や玄関のドア付近に宅配便の荷物を置いたままにしておくのもやめました。届いたらすぐ開封。ただでさえ狭いわが家の廊下、うっかりつまずかないようにするためです。

次にやめたのが、「疲れる収納」です。

保存容器を「軽いから」と吊り戸棚に入れていたことがあります。でも、肩の調子が悪いときは取りにくくて困りましたので、数をうんと減らし、シンク下の引き出しへ入れるようにしました。

また、ふたつきの空き箱や缶にものを詰め込み、扉のついた収納ラックの中にしまっていましたが、これも疲れる収納だと気付き、変えることに。扉を開け、箱のふたを開け、中身を取り出し、また箱にふたをし、収納の扉を閉める。1つのものを取るのに5アクションも必要だったことになりますから。

収納の見直しをして、扉がついた収納棚にはカゴをいくつか置き、その中に用途別に分けたものを収めるようにしました。これなら、扉を開けてすぐ目的のものが取れるし、戻すのもラクです。

収納といえるかは微妙ですが、「中が見えない保存容器」を使うこともやめました。
いただきもののふたつきのホウロウの保存容器がありました。セットでかわいいし、漬け物や作り置きのおかずなどを入れていましたが、冷蔵庫の中段や上段に入れると中が見えにくいのです。ふたは半透明の白っぽいプラスチック製でしたが厚みがあり、よほど顔を近づけないと何が入っているかわかりません。そのうちついつい中身を忘れてしまい、まだあるのに同じものを買ったり、明日食べるつもりが忘れて、腐らせたりしてしまうように。ズボラな私のせいもありますが、思わぬフードロスを生んでいました。

そんなこともあり、中身が見えない保存容器はすべて処分。代わりに、100円ショップでも売っている、本体もふたも中身が見える素材の保存容器にしました。これなら冷蔵庫に入れていても引き出しに入れていても、横からでも上からでも何が入っているかパッと見てわかります。いつでも中身が見えるので、同じものを買ってきてしまうミスも減りました。

ところで、最近のシステムキッチンでは引き出しタイプが増えているそうですね。わが家もシステムキッチンのシンク下・コンロ下は、L字型になった角の一部分を除けばすべて引き出し。しゃがんで下の扉を開けずにすむため、とてもラクです。ありがたい！

ただ、引き出しの使い方を間違えないようにしないと、もったいないことに。とくに**深い引き出しは「上から見て何があるかわかる入れ方」にするのが大事**だとわかりました。立てて入れる、重ねずに入れる。そうすれば、上から見て何があるかすぐわかりますものね。

シニアを意識した収納に変えていく。やってみて使いにくければ、また別の方法を考えてみる。身体の変化にうまく合わせながら、これからまだまだ続く人生をラクに過ごせるよう工夫していきます。

⑧「良い嫁」をやめた

義母との同居を決めたときに、私が自分自身に言い聞かせたことがあります。それは、介護関係の人や義母から良い嫁と思われたいという気持ちを、いっさい捨てるということ。

息子に重い知的障害があったため、幼いころから受けられる支援はできるだけ利用させてもらいました。福祉課や地域包括支援センターの方々、学校の先生たちにも助けてもらいながら暮らしてきました。義母や夫はもちろん、両親や妹にも助けてもらいました。そのときにわかったのです。ただ困っていると伝えるのではなく、**「何が困難で」「どう助けてほしいか」を具体的に伝えないと、相手は助け方がわからない**ということ。そのためには、私が人からどう思われるかなんてかまっていられません。正直に、どんなことに困っているのか、どうしてほしいのかを伝えました。

当時はまだ知的障害の子が使えるサービスが少なく、法律が整備される前のことでしたから、すべて手探りの状態。でもそのとき周りの人に助けていただいたことが、救いになりました。

あれからもう30年近くになりますが、息子との暮らしをサポートしてもらうときにした経験は義母の介護認定の調査のときに役立ったはずです。認定調査員の人に対して、良い嫁に見られたいという気持ちを捨て、「こういうことで困っている」ということと、「辛いし、迷っている」という感情面を分けて、隠さず伝えました。その結果、義母に合った介護認定を受けられたと思っています。

「自分がちょっと無理しているかも」ということにも、早めに気付けるようになりました。義母の言動を受け入れられず辛くなったとき、また、いつも以上に眠れなかったり、ひどいめまいがしたりしたとき。これらは、**私が自分のキャパシ**

ティ以上のことをしてしまっているサインです。そういうときは、今できることだけをして、いつもどおりの私に戻るまで待ちます。義母にも待ってもらいます。

同居で介護をしている人、通いで介護をしている人、また、施設にいる親御さんをサポートしている人、みなさんそれぞれの形でがんばっていらっしゃると思います。どうかそんな自分を認めてあげてください。介護サービスを使うことにも、罪悪感はもたなくていいと思います。まずは自分を許しましょう。そのことが家族にもいい影響を及ぼします。良い嫁はやめても大丈夫です。

「良い嫁に見られたい」というこだわりを捨てて正直に伝えたのがよかったと、心から思っています。義母は現在、要介護2の状態。使える介護サービスはしっかり使わせてもらって、本人も私たち夫婦も安心して暮らすことができています。

⑨「良い母」をやめた

「良い母」と聞いたら、どんなことを思い浮かべますか。いつも笑顔で穏やか、ガミガミ怒らない、子どもとしっかり向き合っている、家事を完璧にこなしている…などでしょうか。私も長く、良い母でありたいと思っていました。とくに娘に対しては。というのも、育てるのが難しい息子がいたため、娘に寂しい思いをさせるのでは…と心配したからです。これは娘が成長してからもずっとでした。

昨年の夏、娘のところに2人目の子ども（私にとっては孫ですね）が生まれました。産後はひと月ほどわが家で娘と孫2人をあずかり、帰ってからは今度は私が娘の元に通い、上の孫の幼稚園のお迎えを買って出ることに。少しでも娘の回復の手助けになればと、張り切っていたのです。

そんなある朝、熱もないのにどうしても辛くてベッドから起き上がれませんでした。「娘のところに行かなくては。孫を迎えに行かねば」と思っているのに。そのときふと、娘からの手紙を思い出しました。

それは5年前、結婚披露宴でもらった手紙です。そこには、私達夫婦への感謝の言葉のあとにこう書いてありました。

「これからはどうか、お母さん自身のために生きてほしいです」

とても嬉しいと同時に、少しだけ複雑な気持ちになりました。私は十分好きなことをして、自分のために生きているつもりだったのに、娘に心配をかけていたのかもしれないと。

そう気付いて、横になったままLINEを送りました。「ごめん、今日は行けそうにない」と。良い母でありたい、娘に寂しい思いをさせてきた分をここで取り戻したい、この思いでがんばりすぎているとわかったからです。「了解！　お大事にね。こっちはなんとかするから大丈夫よ」と娘からはすぐ返事が。その日の様子も、あとで報告してくれました。

さかのぼれば、娘が生まれて1年と少し経ったころ、私はうつ病になりました。うつの治療をしながらこれまでと同じ暮らしを維持していたのでどんどん悪化し、その後、長期入院を繰り返すことに。こうなったのは、障害のある息子もそうでない娘も、ほかのお子さんと同じように育てたいと無理をしたからです。スマホもない時代、子育ては障害のあるなしにかかわらず手探りで必死でした。

いっぽうで私は、自分の時間もないと苦しかった。3歳になっても夜中に起き出す息子に付き合いつつ、やっと眠ったら録画しておいた海外ドラマを観たり、かわいいワンピースを娘に作ったり。夫からは「少しでも寝たら?」と言われましたが、私は聞きませんでした。子育ても自分のことも、あれもこれもと欲張ったのです。

退院してからも、うつとの闘いは10年以上にも及びました。どれほど家族に負担をかけたでしょう。おかげさまで少しずつ回復し、断薬もできましたが、無茶をしていたんだなあと反省しました。娘はずっとこの姿を見てきたから、あのような手紙をくれたのかもしれません。

手紙をもらったとき、これからはもっと気をラクにもって子育てしていこうと誓ったはずなのに、20年近く経ってすっかり忘れていました。私は年をとり、娘はとうに大人になっているのに、「母親として子どもを守りたい、助けたい」とまたがんばりすぎたようです。

私と同じようにバブル時代に就職し、結婚した人は、良い母でありたいという気持ちがあるいっぽうで、自分の時間も欲しいと願う人が多かったのではないでしょうか。私のように、どちらもと欲張って苦しくなり、自分を見失ってしまう人もいらしたかもしれません。

年齢を重ねていくこれからは、「子どものために」という気持ちはあっても、身体が追いついてこないことが増えてくると思います。私の場合は、自分のキャパシティを知らず、欲張りすぎたのかもしれません。でも、無理をすれば、いずれどこかで反動がきます。自分のことを守りつつ、力を加減して子どもと関わっていく。そのほうが、細く長くいい関係でいられると思います。

私はもうがんばらないことにしました。心を軽くして前を向き、明るい気持ちで、母としてだけでなく、ひとりの女性として生きていきたいです。きっと娘も、そのほうが安心するでしょう。

⑩「人に頼れない自分」を変えた

昔から、親しい人に頼られると嬉しいのに、頼るのは苦手でした。申し訳ないとか、相手は断りづらいんじゃないかとか思ってしまって。でも50代になってから、そんな自分を変えていこうと思いました。

きっかけは、義母と暮らしたことです。義母は働き者でなんでも器用にこなす人でしたが、たとえば役所や銀行の手続きなどは若いころから苦手で、「教えて、さよさん」と言っては、しょっちゅう書類を持ってきました。嫁と姑ですからいろいろありましたが、「頼むわ〜」と言われるのは嬉しかったです。頼り上手な義母は、介護が必要になった今もそのままです。毛糸を買ってきてほしい、顔のクリームがもうないと、すんなり言います。年を取って、頼りたいのに気を使ってできないより、若いうちから人に頼ることに慣れておくほうがお得だと、義母を見ていて思いました。

さて、私がまず人に頼ってみたのが、家電製品を選ぶこと。加湿空気清浄機と洗濯乾燥機を買い替えようとしたときでした。長年親しくしてきた友人が家電に詳しいことを知っていたので、思い切って「いいのがあったら教えて」と頼んでみました。親しくても、こんなことを聞くのははじめてでしたが、すぐに「わかった、ちょっと時間かかるけど知らせるね」と返事が。数日後、私が伝えた条件に合いそうなものを2つずつ教えてくれました。

いつもなら少しでも性能のよいものを買いたい、でもあまり高いものは無理、複雑な機能がついているものも無理、大きすぎると動かすのが大変だし、しまう場所もないなどと、あれこれ考えて決められない。それに、同じサイズのものが同じメーカーからいくつも出ているし、毎年毎年リニューアルされているものもある。いったいどれを選べばいいの？　となってしまう。いつもこのように迷っていたので、はじめから候補を絞った状況でお店に行けたのはとっても嬉しかった！　おかげで私は、そこから選ぶだけですみました。家電量販店へ見に行き、実際に触ってみて、すぐに決めることができたのです。助かった！

こんなことにもトライしました。50代になってから数年かけて家具を処分してきたのですが、手が足りないとき、私は親せきに頼み、夫は同僚に声をかけ、助けてもらいました。心ばかりのお礼しかできませんでしたが、みんな気持ちよく手伝ってくれました。また、介護の弱音もケアマネージャーさんに聞いてもらっています。お仕事の範囲を超えるかも…と迷っても、思いきって電話したり、とても辛かったときは事務所にお邪魔して聞いてもらったりもしました。

親しくてもこれまでなかなか人に頼ることができなかったのは、「相手に悪いから…」というだけでなく、自分の都合もありました。買い物なら懐事情も打ち明けることになるし、家具の移動なら散らかった家の中を見せなければならない。介護の弱音なら、心の中をかなりさらけ出すことになります。でも、思い切って頼ったら、どの人も快く助けてくれるのですね。頼ること＝いけないことという考えも、私の中にあったのでしょう。でも、頭が少しでもやわらかい今のうちに、頼ってみてよかったです。

いずれは、誰かに頼らないとできないことがもっともっと増えていくでしょう。それを寂しがらず前向きに捉えようと思います。「できないことは素直に頼ろう」、「知らないことは教えてと言おう」。どんどん自分を柔軟に変えていきたいです。

⑪「家事をしない夫」を変えた

夫とは大学生のころに知り合って、4年付き合ったあと、結婚しました。私とは対照的。優しくおおらかで、もともとマメな人です。料理やゴミ出しなどは、「頼めば」してくれる人でした。息子に障害があったことや、私が入院したり関節リウマチを発病したりということもあって、協力してくれた部分もあったと思います。

ただ、欲を言えば「頼まなくても」家事を日常に組み込んでもらいたい。いきなり家事を担ってもらうのは嫌がられるかと思い、まずは夫の立場になって、次のようにしてみました。自分なら、こうしてほしいこと、されたくないことを考えて。

●夫のやり方に、ケチをつけない

●「どこまでしてほしいか」「何時までにしてほしいか」を最初に伝える

●どんな小さなことでも、必ず「ありがとう」と言い、よかったところを褒める

●夫が欲しがる道具を買う

●夫が家事をしやすいような収納に変える

夫のやり方にケチをつけるつもりなんて、まったくありませんでした。でも見ていてじれったくなり、つい、よけいなひと言が出て、夫のやる気を削いでしまったことも。そこで早めに改善、考え直しました。

まず、結果を見て「もっとこうしてほしい」というのではなく、最初から「どこまでしてほしいか、何時までに終えてほしいか」を具体的に伝えるようにしました。

たとえば、ゴミ出し。燃えるゴミの日は、キッチンだけでなく自分の部屋のゴミも一緒に出してほしい。朝の8時までに必ず持っていってほしい。指定ゴミ袋に名前を書くのを忘れると持っていってもらえないので気を付けてほしい。この3つだけ伝えました。これは、すぐやってくれるようになりました。

そこで次は、「ゴミを捨てたあとは、新しいゴミ袋をゴミ箱にかけてほしい」と頼んでみました。夫が覚えやすいよう、次のゴミ袋が入っている引き出し部分を写真に撮ってLINEで送って。こうしておくと、夫に何度もゴミ袋の場所を確認されずにすみますから。これも、すぐやってくれるようになりました。

正直言って、私がしたほうが早いとも思います。でもやっぱりゴミ出ししてもらえると助かります。それに、今これに慣れておいてくれると、私にもし何かあったとき、夫も困らないと思うのです。

さて、ここまではちょっと夫を「できない人」のように書いてしまいましたが、じつは手先がとても器用なので（機械設計を長らくやっていたからとは本人の弁）、大きな身体をして細かい作業をするのが得意なんですよ。家事の中では料理が得意です。昔は私の誕生日に夕飯を作ってくれたこともありました。味もよかった。それをぜひ思い出していただこう！

そろりそろりと夫に頼んでみたのが、お昼ご飯を作ること。リモートワークになり、義母と私たち夫婦の3人で食べるようになったお昼ご飯。簡単なものでいいからと頼んでみたら、「麺類なら作ってもええで」と夫。

はじめは、週に1回やってくれればいいくらいでしたが、2年半経った今は、ほぼ毎日お昼ご飯は夫が作るようになっています。すごい進歩です！　夫も、リモートワークの昼休憩としていい気分転換になるようです。欲を言えば、作るだけじゃなく、その先もしてもらいたいなあ。

というのも、得意だと書きましたが、夫がするのはあくまで作ってお皿に盛るまで。買い物も私だし、散らばった野菜や油まみれのコンロ、お鍋やボウルやレードルを洗って片付けるのも、もちろん私でした。料理してくれるのは嬉しいし助かるけど、片付けもしてもらえたら、なお嬉しいのです。

そのまま言うと、きっといい気分はしないと思ったので、「おいしかった、ありがとう」のあとに「できれば、フライパンも洗っておいてくれるとすごく助かる」と頼んでみました。ダメ元で言ったのに、なんと夫が後片付けもしてくれるようになりました。

そのうち、「野菜くずも取っておいてくれると、助かる！」とか、「シンク周りに飛んだ水を拭いておいてくれると、水アカにならずにきれいなんだよね」という私の頼みも、聞いてくれるようになりました。

ただし、毎回じゃありません。それに、私が思うようには片付いてもいません。油がフライパンに残っていたり、落ちたネギを踏んづけたものがあったり。

それでも助かるし、必ず「ありがとう！」と言っておきます。すべては、私がする家事を減らしたいため。ラクをしたいため。

こうなるまでに、夫が欲しいと言った道具を買ったり、調理しやすい環境に整えたりしてきました。

トングがあれば麺をつかみやすい、キャベツ用のスライサーがあれば好きな千切りキャベツも自在、じゃがいもはやっぱりピーラーでむきたいし、包丁ももっと切れるものがいい、まな板も2枚あったほうがはかどると、リクエストは多数。これ、みんな買いました。本当は、もうものを増やしたくありませんでしたが、夫に料理を作ってもらうほうを優先です！


収納も変えました。ラーメンでもうどんでもそばでもそうめんでもパスタでも作りやすいようにと、いままでは食器棚の下の方に入れていた麺類を、すべてコンロ下の深い引き出しに収納し直しました。

本当はしまう場所を取るからこんなに道具はいらないとか、「洗っておいたぞ〜」と言うけど汚れが残っていたとか、私にも言いたいことはあります。

でも目的は、夫に変わってもらうこと。少しでも家事をしてもらうこと。今がんばってくれていることに感謝して、これからも様子を伺いながら、家事に参加してもらえるよう工夫していきます。

私たちが年金生活に入るまであと数年。お互いが家事をしながら働き、楽しく生き生きと暮らしていけたらいいなと思っています。

⑫「もっと眠らなきゃ」と思うのをやめた

何歳ぐらいからだったか、だんだん睡眠時間が短くなってきました。とくに50代になってからは、一度にたくさん眠れなくなりました。眠ったほうが身体のためによいとわかっていても、たっぷり眠れない。2、3時間寝たあたりで目が覚め、また2、3時間寝るのが精一杯。もう1回寝るのは無理で、私の睡眠は平均すると6時間を切っていると思います。

この状況をなんとかしないと…と焦っていました。眠らなきゃ身体にも心にもよくないし、美容のためにもよくない。良質な眠りを確保するために夜8時以降は食べないとか、寝る前にはスマホやＰＣを見ないとか、照明の色を変えて「寝る準備」に入りやすくするとか、あれこれ試しました。でも、いずれも私には効果なし。

軽い睡眠導入剤を飲むことも考えましたが、やはり抵抗がありました。うつ病の治療で何年も睡眠薬を飲み続けてきて、やっと断薬できたと思ったら、今度は持病の関節リウマチの薬を10年以上も飲み続けています。これ以上薬を飲むのは、できれば避けたかったのです。

それでもやっぱり、眠らなきゃ眠らなきゃと思ってしまう。思えば思うほど眠れない。でも薬は飲みたくない。

そんな私の気持ちを、180度変えてくれた出来事がありました。昨年の4月、毎年受けている基本健康診断で診察をしてくださった先生に、思い切って相談してみたのです。

「先生、私、50代になってから眠れなくなってきました」

「全然眠れないわけじゃないのですが、すぐ目が覚めるのです」

「このままでいいでしょうか。やっぱり身体に悪いでしょうか」

「昔、睡眠薬を長いこと飲んでいました。また飲んだほうがいいでしょうか」


基本健康診断で診てくださる先生は交代制なので、初めてお会いした先生です。でも、笑顔でゆっくり次のように話してくださいました。

「あくる日、ずっとぼーっとしている？　運転中に眠くなったりする？」と聞かれたので、「いいえ、そうでもないです。だるいときもありますが動き出せば戻ります」と私。あまり眠れなかったと思う日は、運転しないですむようにしていますと伝えたら、「だったらあんまり気にしなくていいと思いますよ。50歳を過ぎたあたりから、脳の睡眠を調節する部分が老化して、誰でも眠れなくなってくるんです」とのこと。

そういえば、友人達も眠れなくなってきたと言っていましたっけ。

「15分か20分、日中に寝る時間は取れますか？」とも聞かれたので、「できるだけそうしています。眠れないことがほとんどですが…」と答えました。

「体を横にしているだけでも休まると考えればいいと思います。眠れないことですごく悩んでいて、何も手につかないとか、日中も支障が出るほどずっと眠いとかいうことでなければ大丈夫ですよ」

そうなんですね！　先生にこう言ってもらってホッとしました。基本健康診断の中での診察ですので、話しができたのは4〜5分だったと思います。でも、この数分のやり取りで、私はとても救われました。睡眠時間は少ないですが、「まあいいや」と思えるようになったのです。

これから年齢を重ねていけばもっと眠れなくなるでしょうから、今と同じようには思えないかもしれません。もちろんしっかり眠りたいのが本音ですから。でも、今度は自分でなんとかしようと悩まず、「睡眠不足くらいで」と遠慮するのもやめ、医師に相談してみようと思います。

年齢を重ねて眠れなくなってきた、それが気になって辛いという方は、どうぞかかりつけのお医者さんに相談してみてください。悩みを自分の内にため込まない、これがいちばんだと思います。

COLUMN

片付けられない人の特徴

片付けたいと思っているのに、ものの整理が進まない人がいます。多くは、「もったいなくて捨てられない」タイプですが、次のような特徴のある人も片付けに時間がかかります。

- 何事も、形から入ろうとする
（やり方がわからないため、流行りの方法をまねして失敗しがち）
- 気分が変わりやすい
（達成感がないと続けられず、すぐほかのことに目が行ってしまう）
- 計画を立てるのが下手
（計画を立てるのに時間がかかり、実行する前にバテてしまう）
- 完璧を目指してしまったり、一気にやろうとしたりする

（二度と散らかった部屋で暮らしたくないと力んでしまう。同じ片付けるなら一気に劇的に変えてスッキリした気分を味わいたいと思ってしまう）

ザックリ言うと、あれこれ考えすぎているのです。これらは、わが家を片付けながら実感してきた私自身のことでした。整理収納の勉強をはじめるまでの私は、片付け迷子状態だったのです。

考えるのはもちろんよいことですが、考えてばかりで先へ進めないと、もう続けたくなくなります。そう気づいてから、私は、できるところからコツコツ片付けを進めてきました。そのうち自分に合う片付け方がわかってきたのです。

難しく考えず、まずは片付けの一歩を踏み出してみましょう！

2章

50代は捨てどき

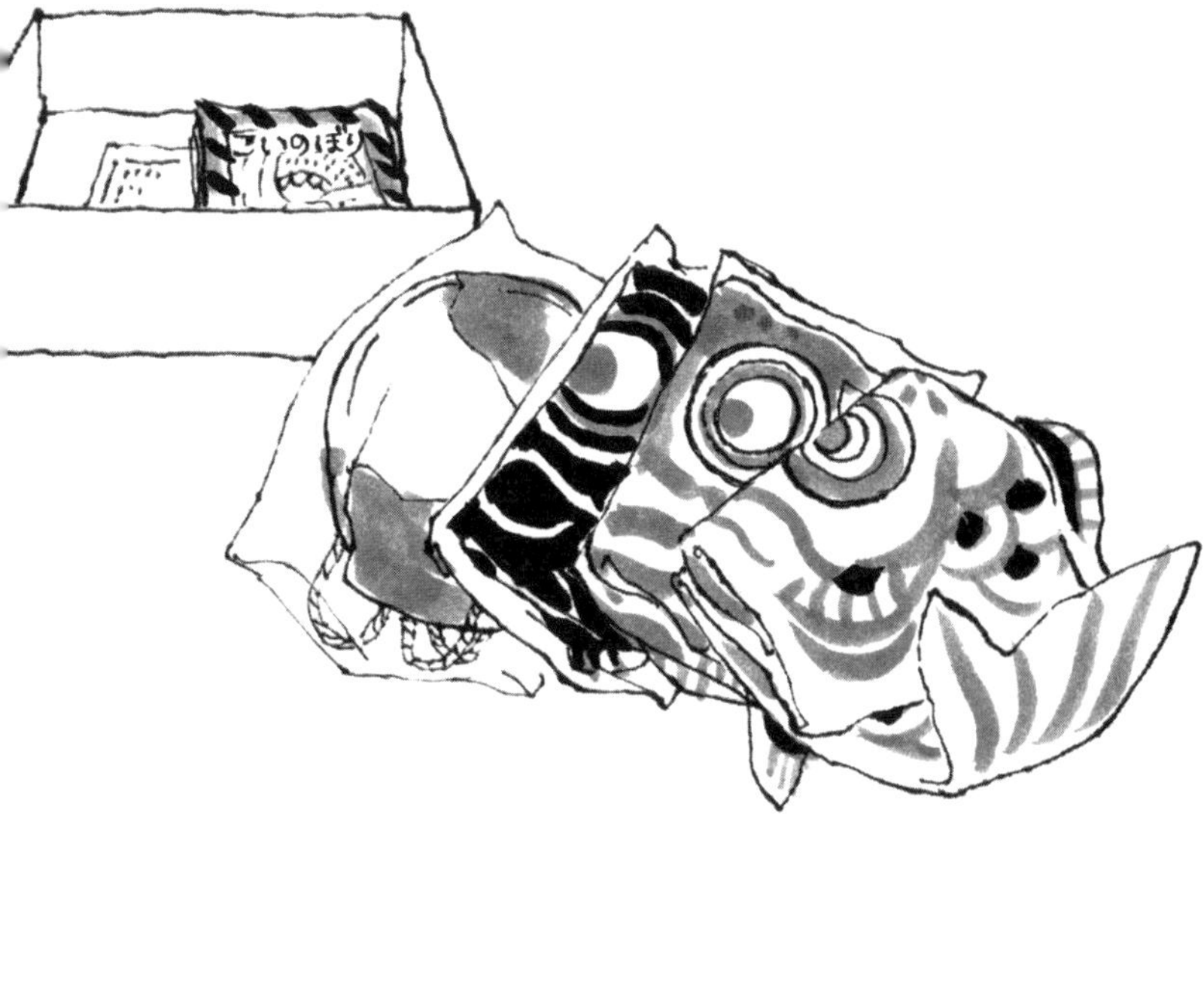

①「重い・大きい・かさばる食器」はもう卒業

●使いたい食器が取り出しにくい
●たくさんあるのに、同じ食器ばかり使っている
●収納する場所がない、と箱に入れて押し入れや納戸に置いたまま

これらは食器あるあるですね。私もこんなふうに、せっかく持っている食器を使いこなせていませんでした。そのことにモヤモヤするようになったのは、子育てが終わったころ。暮らしに余裕ができ、これからはもう少しゆとりを持って食事を楽しみたい、持っている食器をもっとうまく使いたい、と思うようになったからです。

食器を使いこなせていなかったおもな原因は2つ。1つは、食器棚の大きさに対して食器の数が多すぎたこと。もう1つは、使わない食器とよく使う食器を、同じ棚に混ぜた状態で収納していたこと。子どもが大きくなるにつれ、使う食器も変わってきました。それまで使っていた食器を手に取らなくなっていることにうすうす気付いていたのに、いつまでも食器棚の整理をしていませんでした。

そこで一念発起。数回に分けて食器棚の大がかりな片付けをはじめました。はじめは娘にも手伝ってもらいました。とても1人ではできないほど、食器がたくさんあったからです。そのとき処分したのが、「重い食器」「大きい食器」「収納するときにかさばる食器」でした。

●重い食器…持つのも洗うのも食器棚へ戻すのも、だんだんおっくうになってきた

●大きい食器…大皿にたくさん盛って取り分けて食べる機会がなくなってきた

●かさばる食器…重ねたときに高さが出てしまう形のものは、数以上に場所を取っていた。さらに重ねにくいことがストレスに

この先を見据えると、これらを使う機会はほとんどないことに気付きました。手放す食器の基準がはっきりしていると、娘にも作業してもらいやすかったです。整理を進めていくうちに、これらのほかにも処分したいと思うものが出てきました。セットだったのに数が減ってしまった食器や、好みでなくなった食器、使いにくくなった食器です。

これまでと同じ食器棚でも、スペースに余裕が出てくると、思った以上に快適！　好きな食器をサッと出して使えると、シンプルに、いい気分になるのです。

身体の可動域が狭くなり、使いやすい収納の範囲も狭くなっていくこの先、むやみに食器は増やせません。もしも新しい食器を買いたくなったら、**「使っているイメージが思い浮かぶか（用途がはっきりしているか）」「見た目や手触りが好みに合っているか」「収納スペースに入るか（重ねやすいか）」**を慎重に考え、どれかを手放してから買うことにします。

壊れてもいない食器を処分することに抵抗はありましたが、割り切りました。人生はまだまだ続きます。だからこそ、これから先は自分が使いやすい食器、見ていて気分が上がる食器を使っていきたい。好きな食器で食事を楽しみたいです。

②「用途の限られた調理器具」はなくても大丈夫

50代に入ってからはじめたキッチンの大々的な片付け。手放してもっとも効果があったものが、用途の限られた鍋です。キッチンの収納に余裕ができ、格段に使いやすくなりました。鍋はたたんだり折ったりできませんので、減らせるならそのほうがいいです。手放す基準は「ほかのものでも代用できるもの」、そして「重く感じるもの」。

どっしりとした土鍋や、分厚くて大きな中華鍋を使えば、たしかにおいしく作れます。でも、もう持つのも洗うのもしんどくなってきました。おでん専用の鍋も捨てました。

蒸し器もなくて大丈夫だったものの1つ。ステンレスのザルをお鍋に重ねればたいていの蒸し料理ができますし、電子レンジでも蒸しものはできます。圧力鍋は、最後まで迷いました。母が使わなくなったからと言ってくれたものでしたから。でも結局は使いにくくて手放しました。

今持っているのは、22㎝の両手鍋、18㎝の片手鍋、すき焼き用の浅い鍋、26㎝のフライパン、28㎝の炒め鍋の5つ。いずれも軽めで、ホームセンターでも売られているような買いやすい値段のものです。これだけあればなんでも作れます。

用途の限られるものと言えば、鍋ではありませんが未使用のうちに手放したものがあります。娘がある催しで景品としてもらってきた、カプセルコーヒーマシンです。そのころ流行り出したこともあり、コーヒー好きの私はとても嬉しかったのです。「ありがとう！　こんなの欲しかったの」と浮かれていました。

ところが、わが家の狭いキッチンには、そのコーヒーマシンを置いておく場所がありません。もしも置くなら、新たにそれ専用の台を買う必要がありました。それに、使いはじめてからの手入れのことも考えました。部品を外して洗って乾かしてまたセットする…、これは私には続けられないかもしれない。いろいろ考えると、なかなか開封できませんでした。いつまでも使わない私の思いを察したのか、「売ってこようか?」と、娘がとうとうそのコーヒーマシンを持ってリサイクルショップへ行きました。娘には申し訳ないけど、これでよかった。**未使用だったので、欲しい人にきれいな状態のまま譲れます。下手に開封せず手放してよかったです。**

③「複数あるもの」は数を絞って

家の収納場所は限られています。さらに、その中でも使いやすい場所は決まっています。使いやすい場所に、少しでも余裕をもたせて収めるために見直したのは、「複数あるもの」でした。

食器棚の中で数が多かったのがマグカップ。いただいたり、気に入った柄を見つけると買ってしまったり、手ごろな値段ゆえに増えがちなもののひとつです。これはお気に入りだけを残し、ほかは手放しました。「見つからない」と言ってはすぐに買っていた缶切りや栓抜きも、結局はキッチンのどこかにあって、複数個になっていました。それらもそれぞれ1個で足りるので処分。たくさんあるほうが便利だと思っていたボウルやザルも減らしました。

割り箸も大量にありました。バーベキューなどのイベントのたびに100円ショップで買ったり、コンビニやスーパーでお弁当を買う際についついもらったりしていました。家に帰れば自分のお箸があるので使わないのはわかっているのですが、「割り箸、おつけしましょうか？」と声をかけてもらうとなぜか断れなくて。そんな自分の性格も、ものを増やしてしまった原因のひとつでしょう。でも、今はもう大丈夫。「いらないです」と言えるようになりました。

たくさんあった割り箸は、日常生活の中でどんどん使って消費しました。ストローも同様にたくさん出てきましたが、こちらはなかなか使いきれませんので、数本残して処分。なくてもまったく困りませんでした。**キッチンは消耗品やストック品が多く、ものが増えやすい場所。意識しておかないといけませんね。**

キッチン以外の場所にも、複数のものが潜んでいました。寝室には、シーツ、敷きパッド、枕カバーなど予備の寝具や、パジャマも何着かありました。洗濯するのは天気のいい日ばかりではありませんから、洗って乾かなかったときのことを考えると、予備が必要だと思っていました。でも、体力が落ちてきたと実感しはじめた50代に入ったころに、シーツ類やパジャマの洗い替えを持つのはやめました。もし乾ききらないときでも、乾燥機で仕上げればいいと思うようになったのです。未使用のシーツは、近所のリサイクルショップへ持っていきました。それ以外は掃除に使って処分！

ものを減らしたことで押し入れがぐっと使いやすくなりました。本当に使うものを、使いやすく入れられるようになったのです。奥から忘れていたものが出てくる…ということも、もうありません。

リビングにはペンがたくさんありました。あったかどうかを覚えていなかったり、なくなると困るからとつい買ってしまったりで、30本ほどはあったでしょうか。1本1本調べて、書きにくくなっていたものから処分。半分以下にしました。これで、書こうとしたのにインク切れ！ということもなくなりました。まだ書けるものまで減らさなくていいとは思いますが、書きにくくなっているものは残しておかなくてもいいと思います。

いざ使いたいときに最適なものが出せないのは小さなストレスだったので、これですっきり！　複数あるものを手放して、その解放感に気付きました。

収納場所にゆったり収まっていれば出し入れしやすいし、何がどこにあるかも覚えやすい。**「なかったかもしれないから、買っておこう！」という、買い物の無駄も減らせます。**

④「お客様専用のもの」のお客様は来なくなっていた…

「来客用の食器を処分したら食器棚が使いやすくなるでしょうが、お客様がいらっしゃるときはどうするのですか」

収納セミナーやブログへのお問い合わせで、こういった質問をいただくことがあります。私の答えを先にお伝えすると、「来客用の食器がどうしても必要なときは、レンタルします」となります。私が来客用の食器で残してあるのは、カップ＆ソーサー（ティーカップのセット）と湯呑みと茶たく、ガラスコップぐらいです。お茶といっしょにお菓子を出すときは、ふだん使っているお皿にきれいな模様のペーパーナプキンを敷きます。

数年前のことですが、娘の略式結納のあとにわが家で食事会をしました。その際もガラスコップ以外はすべてレンタル。仕出しをお願いしたお店に「食器からお膳までお借りできないか」と尋ねたところ、「そういうプランもございます」とのお返事。これはラッキー！と飛びつきました。桜茶を入れる湯呑みだけは新たに買いましたが、お茶菓子はわが家にある小皿に懐紙を敷いてお出ししました。これで十分。幸せな日になりました。

高価なものではありませんが、わが家にも来客用の食器はありました。それらの食器を処分したのは、気を使うお客様がいらっしゃる機会がなくなっていたからです。子どもたちが小さいころはママ友が遊びに来ることもあったのでそれ用の食器が必要でしたが、子どもが大きくなると、家ではなく「外で」食べるように。今、わが家でいっしょにご飯を食べるのは娘家族ぐらいです。気を張る相手ではないので、普段使いの食器でかまいません。

もっとよく考えてみれば、レストランで使用されている高価な食器だって、まっさらのものではなく、多くの人に使われてきたもの。ならば、清潔であれば特別なものでなくてもよしということ。もし今後来客があっても、漂白などして清潔にした普段使いの食器でおもてなしすればよいと思っています。

客用布団も数年前に処分しました。大きくて重たいものは、年齢を重ねれば重ねるほど「捨てたいと思っても、捨てるのが大変になってくるもの」だと思いはじめたからです。もったいないという気持ちはありましたが、体力、気力、握力がある50代のうちに手放しておいてよかったと思っています。同様の記事をとあるウェブサイトに書いたところ、驚くほど反響をいただきました。つまり、みなさんもおそらく、「捨てたいと思っても、捨てるのが大変」で、なんとなくとってあるものなのでしょうね。

客用といっても、緞子（どんす）布団のような高級なものではありません。ただ、自分たちが使う布団とは別のものとして保管してきました。その客用布団を最後に使ったのは、十数年前に義母がわが家に泊まりに来たときでした。そのぐらい、出番がなくなっていました。

客用の布団を自分用におろすことも考えましたが、「いつかまた必要になるかも」と思うと、はばかられました。自分たちの布団は古くなったら軽いものに買い替え、子どもたちの布団も、成長に合わせて扱いやすいものを揃えてきました。客用布団はいつまでも押し入れの奥に入れたまま。

「しまう場所があるなら、無理に捨てなくても…」と思われるでしょうか？　私もそう思っていましたが、次第に手入れがおっくうになってきました。使わないとわかっている布団でも、たまには干さないといけません。防虫剤も変えなくてはなりません。「使わないものの手入れを続ける」ことは、しんどくありませんか？　しまう場所があるといっても、やはり布団はけっこうな場所を取ります。

これがなければ、ふだんよく使うものを入れられるので思い切って手放すことにしました。もし、この先どうしても客用布団が必要になったら、レンタルするか、もっと軽くて扱いやすい今どきの布団を買えばいいと思っています。

⑤「いつか使うかもしれないもの」のいつかって？

ものを捨てられない原因はおもに7つあります。

①いつか使うかもしれないから
②もったいないから
③高かったから
④ものを簡単に捨ててはいけないと親にしつけられたから
⑤ものを捨てると罰があたるといった、迷信が気になるから
⑥人からもらったものや、思い出のものだから
⑦捨て方がわからないから

なかでも「いつか使うかもしれないから」と「もったいないから」は手ごわいです。かくいう私も、これを言い訳にものをため込んでいました。

捨てようと思うと、「まだ使えるのに」という思いがムクムクと湧き上がってくるもの。それはよくわかります。

たとえば、わが家にあった保温保冷機能がダメになったマグボトル。漏れるわけではないので使えはするのです。でも、ダメになってからは結局使わずに収納の奥にしまったままにしていました。もっとコンパクトで、機能的で、洗いやすいものを買ったからです。

まだ使えるものを捨てるにはエネルギーが必要です。しばらく時間をかけて、「役目はもう終わった」と自分に言い聞かせ、マグボトルを処分しました。

どうすれば納得して手放せるか。人によって、手放したいものも手放したくない理由も異なりますが、1つだけ共通する解決方法があります。**それは「今」使ってみること。いつかではなく、今。**

使ってみて、いいと思えるならしまい込まずにどんどん使う。ああ、やっぱり使いにくい、出番がないな、と思ったら、なくてOK。一度使ってみれば、「いつか必要になったとき、捨てていたら後悔するかも」という思いを手放せます。その思いは未来に対する不安。不安がなくなれば心も軽くなります。納得して手放すようにすれば、後悔はなくなります。

「いつか使うかもしれないもの」で押し入れがいっぱいで、ふだん使うものが入りきらなかったらどうでしょう。ケースに入れて部屋の片隅に積んでおきますか？　ある日そのケースの端っこに、うっかり足の小指をぶつけてしまうかも！　**小さなことかもしれませんが、そろそろ「いつかのためのもの」を減らしておいたほうがよさそうです。**「もったいない」とは、使っていないこと、それが生かされていないことだと思います。

引っ越し屋さんにもらった布団袋、障子用の紙や網戸の網の余ったもの、ホテルのアメニティ、名簿、電話帳、地図。これらは私が手放した「いつか使うかもしれないと思っていたもの」ですが、何年経っても出番はありませんでした。

今は、捨てずに手放す方法がいくらでもあります。人に譲れそうなものなら、リサイクルショップに持っていったり、『メルカリ』のようなフリマアプリや『ヤフオク！』のようなオークションサイトで売ったりしてもいいですね。

ものは使われていてこそ意味があります。使うものだけが入っている収納を見ていると、「何があるか、私はもうわかっている。これなら年齢を重ねても管理しやすい」と安心できました。少しオーバーに聞こえるかもしれませんが、そう思えたとき、目の前がぱ～っと明るく開けたように感じました！ 今使うもの、いつつかう使うとわかっているものだけにすると、部屋も心も軽くなります。

⑥「文字の小さい本」…もう読めません

「元気なうちに片付けておこうと思っているのですが、私はどうしても本が捨てられなくて困っています。こんなに読めませんが、捨てられません。紐で結わえるところまではしたけれど、なかなか」

お世話になった生前整理アドバイザーの先生のセミナーを受けに行ったときに、ご一緒した70代ぐらいのご婦人がおっしゃった言葉です。読まないのではなく「読めない」。けれど、本が大事で捨てられない。私も自分で1冊ずつ集めた本は、背表紙を眺めているだけで幸せだと思うタイプですから、その気持ちはとてもよくわかります。

この本を手に取ってくださっている方も、子どものころから読書が好きだったのではないでしょうか。好きな本が捨てられない気持ち、おわかりになるのではないですか。私も本をなかなか手放せなかったひとりです。

ですが、好きなのに処分することにしたきっかけがあります。**1つは、重い本を1人で片付けることがこの先は厳しくなるだろうと思ったこと。そしてもう1つは、小さい字が読みにくくなっていたことです。**

いらなくなった数冊の本をリサイクルショップへ持っていこうとしたある日。束ねた本を2階から1階へ下ろすのですが、重たい本の束を持って階段を下りることが怖い！ と感じました。同時に、怖いながらも今ならまだゆっくりと何往復かはできる、とも思いました。

本に夢中になったのは、小学生のころがはじまりです。寝る前に布団の中に本を持ち込んで読む時間は、なによりの楽しみ。デスクスタンドを枕のそばに持ってきて手元を照らし、読みふけりました。大学時代は授業の帰りに古書店に寄り、

50円や100円になっている文庫本を買いました。その空間で本を探すのが本当に楽しくて。目当ての本があると、とても嬉しかったです。

そのころから何度も何度も読んできて、思い出がたくさん詰まった文庫本。結婚してももちろん持ってきて、余裕ができたらまた読み返したいと思っていた大好きな作品たち。それなのに久しぶりに開いてみると、すぐに目が疲れてしまいました。こんなに字が小さかったんだ…。処分の大変さと文字の小ささ、この2つが本を手放すきっかけとなりました。

冒頭でお話しした、あのご婦人はその後どうされたでしょう。生前整理を進めているとおっしゃっていたので、納得する形でお別れできているといいなと思います。

ところで、「大活字本」シリーズをご存知ですか。視力の弱い方や、高齢で文字が読みづらくなった方に読みやすいように、大きな活字で組み直した本です。文芸をはじめ、ミステリーから歴史小説まで多くの作品があるそう。数年前に図書館ではじめてそれを手に取ったときは、あまりにも字が大きくてびっくりしました。まだ自分には早いかな?とも思っていました。

でも、これから先、昔読んだ作品をもう一度読みたくなったら、大きな字の本を探してみようと思います。電子書籍なら文字の拡大ができますが、私はやっぱり紙の手触りが好きです。

今とこれからの自分にちょうどいい本を、また1冊ずつ集めていく。ゆっくり読んでもう十分と思えたら、今度は早めに次の人に渡す。そんな楽しみ方をしながら、本とは末永く付き合っていきたいです。

⑦「流行りの調味料」は使いこなせない

使いこなせないものも、今のうちに処分しておきたいもののうちの1つです。私が使いこなせなかったものの代表格が、流行りの調味料でした。塩麹やスパイスソルトといった調味料が話題になるたびに、好奇心をくすぐられてしまいます。でも使い慣れていない調味料で料理をするのはなかなか難しいです。

私はごく普通の家庭料理しか作れません。関節リウマチなので利き手に力も入れられません。夫婦2人と義母との3人の食卓では作り甲斐もさほどなく、先に書いたようにお惣菜も冷凍食品もときどき使っています。

でも、キッチンに立つのは好きです。そのせいか、新しい調味料が流行ると、とにかく買ってみたいし、味見してみたい。ところが、買ったはいいけど使いこなせないんです。

たとえば塩麹。1つ目は使い切りましたが、新たに買った2つ目からは使わなくなってしまいました。飽きたというよりは、自分や家族の舌に合わなかったのだと思います。

使いこなせなかった経験から学びました。新しい調味料に手を出すときは慎重に。また、**ふだん使う調味料もお得だからと大きいサイズを買わずに、小さいものに。食べる量も減っているので、賞味期限内に使えないかもしれませんから。**

60代も目の前。無駄なく楽しんで料理を作る習慣を今のうちに身につけておきたいです。料理は頭の体操にもなるので、できるだけずっと続けていきたい。

今、わが家に常備しているのは、定番調味料だけ。ドレッシング類もめったに買いません。ソースは夫がお好み焼きを作ってくれるというときだけ、小さいものを買ってきます。これで十分。ギュウギュウに詰め込まないので、冷蔵庫のスペースにもゆとりがあり、出し入れのストレスもありません。

これから先、私はますます定番の家庭料理しか作らなくなると思います。でも、それでいいいです。使い慣れている調味料や食材で、作りやすいものを作る。自分でおいしいと思えるものを、細く長く作り続ける。これを目標に、楽しい気分でキッチンに立ち続けたいです。

⑧「使わなくなった家具、大きな家具」

使わなくなっている家具はありませんか。それはどんな家具でしょうか。家具を手放せたら、部屋を広く使える。広くなった空間に別のものを置くこともできる。そんなふうに考えることはありませんか。家族の成長や暮らしが変わると不要な家具が出てくるのは仕方のないことです。ところが、家具を捨てることはあと回しになりがちです。その大きな理由は、処分が面倒だから。

私もこれまで、いくつかの不要な家具を手放してきました。

まずフレームが壊れたベッドです。これは相当大変でした。処分すべく夫と一緒に解体しましたが、粗大ゴミとして出そうとすると、なんと私の住む自治体ではマットレスを引き取ってもらえないというではありませんか！　コイルが入っているからというのがその理由。ですので、捨てるために今度はコイル部分を外す作業をしなければなりません。粗大ゴミに出すだけでこんなに大変だなんて…お金がかかってもプロの業者に依頼すればよかったです。この先、またマットレスを捨てることがあったら、今度こそプロに頼みます。

嫁入り道具のひとつだったドレッサーも手放しました。高価な婚礼家具でしたからそのまま捨てるのもしのびなく、買い取り業者などに問い合わせてみたものの買い取りは不可。私がお嫁入りするころでも持っていく人は減っていましたので、今ならなおさらでしょう。

物理的に大きな家具は、捨てることへの罪悪感も大きくなるのではないでしょうか。壊れてもいないものを捨てるのには勇気が必要ですから。でも私は決断しました。子どもたちの学習机は不要になったため、1つはまるまる手放し、もう1つは上の本棚部分だけを処分。机部分は私の仕事用デスクとして使っていますが、本棚部分がないおかげで広々と資料を広げて書き物ができます。こんなふうに少しでも再利用することで、捨てる罪悪感がなくなりました。

年齢を重ねていくにつれ、暮らしは変わっていきます。**暮らしが変わるタイミングは部屋を見直すタイミングでもあります**。使わなくなった家具に加えて、これからの自分の体力や年齢を考え、手放しておいたほうがいい家具がありました。

それは、大きな食器棚やテレビボード、重たいリビングテーブルでした。大きすぎる家具は、この先自分たちで動かせない可能性があります。食器棚やテレビボードは、小さいものに買い替えました。

さらに息子のタンスも手放したら、娘一家が揃って泊まれる部屋もできました。もちろん、まだ寂しい気持ちは残っていますが、気力も体力も判断力もあるうちに片付けておいてよかったと思う日が、きっと来るはずです。

取り扱いに悩むより、感謝しながら手放す。もったいないと思う気持ちは、「この家具は役目を終えたのだ」と置き換え、今の住環境を整える。自分たちだけでなく、義母にとっても、幼い孫にとっても動きやすく、安全な家にする。**今と少し先の未来に気持ちを向けながら、部屋も自分も変えていけたら**いいなと思っています。

余談ですが、買い取り業者さんのアドバイスによると、3月の引越しシーズン前には、コンパクトな家具や家電であれば中古でも引き取り手があるそうです。学生さんや若いサラリーマンの方に需要があるとか。捨てる前に問い合せてみる価値がありそうです。

⑨「しんどい洋服」はもう着られない

衣類の収納場所がとても多いわが家と、洋服が大好きな私。当然、洋服はどんどん増えていき…というよりも捨てる必要がなかったというほうが正しいかもしれません。買っても収まってしまうのですから。

とはいえ、たくさんあっても着なかったり、着られなかったりする洋服が多くなってきました。私と同世代で、洋服をなかなか捨てられなかった方のクローゼットには、次のような服が残っていませんか。

- デザインが若い人向け
- サイズが合わない
- 顔がくすんで見える

●着替えにくい

●重たい

●硬い

３００枚以上もため込んでいた私の服の多くが、まさにこのいずれかに当てはまっていました。生地は傷んでいなかったので、捨てられなかったのです。それぞれどんなものかをご説明します。

①デザインが若い人向け

膝がゴロッと見えてしまうスカートや、首元が大きくあいたカットソーはありませんか？　年齢が出るのは膝とデコルテだと思うんですよ。ですからその部分が目立ってしまうような服は、もう着ないことにしました。

②サイズが合わない

私はどちらかというとやせ型です。結婚前より体重は減っていて、もう20年近く変わりません。こう書くと何が問題？と思われるかもしれませんが、体重は変わっていなくても体型が変わりました。着ようと思えば着られるものの、袖ぐりが小さいと二の腕に振り袖のようについた肉や、脇へ流れた胸の肉が邪魔をして腕を動かしにくい。背中の肉もしっかり下がってきていて、ブラジャーの下にはみ出たり、ウエストの上に乗っかっていたり。というわけで、身体のラインを拾ってしまうブラウスやカットソーなどはサヨウナラです。

③顔がくすんで見える

若いころから、黒やグレーなどのモノトーンの服、カーキやブラウンといったアースカラーの服が好きでした。50代になっても好みはなかなか変わらず、「まだ似合う」と思い込んでいましたが、撮ってもらった写真を見てがっくり。ただでさえ老け顔の私の肌が、くすんで見えるのです。もちろん50代になってもモノトーンやアースカラーがとても似合う人もいらっしゃいます。でも、私はそろそろあきらめようと思います。どんなに好みの色であっても。今ある服がヨレヨレになったら、それを最後にします。

④着替えにくい

背中に小さなホックがある、いくつもボタンがある、ファスナーがある。これらはもうダメ。着替えにくくなりました。なぜって両肩を上げにくいし、背中に手が届きにくくなってしまったから。いらっしゃいませんか？　ブラジャーを前ホックのものに変えた人。わかります。

ブラウスの小さなボタンも、留めるのが面倒くさくなりました。とにかく小さいとか、手が届きにくいとかいうのが嫌。嫌なものは無理して着ない。なんでもラクなほうがいいというわけじゃないけど、これからは無理しない、無理しない。

⑤重たい

鍋もフライパンも食器も、重たいものがしんどくなったように、服も重たいものはいつのまにか着なくなっていました。どんなにいいと思って買ったコートでも、ジャケットでも。バッグも同じです。革のバッグは経年変化を楽しめますが、あまりに重たいものはもういりません。昨年も1つブランドバッグを買い取ってもらいました。30年以上前のものでしたが、値段がつきました。服もバッグも、欲しい人がいそうなら売って手放し、この先は軽くてラクなものでおしゃれを楽しみたいです。

⑥硬い

50代半ばごろから、デニムパンツが辛くなりました。大好きで集めていたのに、です。どうにも窮屈で、身体が凝るように感じて。デニムのほか、厚みのあるジャケットも処分しました。ジャケットはそこまで重たい素材ではありませんでしたが、伸縮性がなく背中がきつく感じました。どうやら私は、硬い（伸びない）服がダメになってきたよう。身体が凝るような服は、たとえ好きなものでも手放したほうがラクですね。軽くてやわらかい服で、素敵なものはいくらでも見つけられるはずです！

これらと同じような洋服はありませんか？　もしクローゼットに服がギュウ

ギュウ詰めで使いにくくなっていたら、どうぞ見直してみてください。クローゼットが片付くと気分はすっきりするし、おしゃれをもっと楽しもうと思えますから。**着ない服は手放して、今の自分が輝く服だけが詰まったクローゼットにし**ていきましょう。

⑩「化粧品のサンプル」をもらうのは嬉しいけれど…

ふだん使っている化粧品は、なくなってから次のものを買うようにしていますが、ふと気付くとたまっているのが化粧品のサンプル。タダのものに弱い私です。ついついもらっては、ため込んでいました。

ある日、フィットネスクラブへ行ったときのこと。いつも動いたあとは汗まみれになってしまうので、顔を洗ってメイクを落とし、一からメイクをします。化粧水と乳液は欠かせませんので、使い慣れたものを毎回ボトルに詰め替えて持っていきます。ところがその日はそれが面倒で、ごっそりサンプルが入っているカゴから適当に持っていきました。それが、私の肌に合わなかったのです。かぶれて、かゆみが出てしまいました。

それまで私は化粧品で肌トラブルを起こしたことはありませんでした。ところが、年齢を重ねた私の肌は、バリア機能が落ちていたのでしょうか。サンプルでかぶれてしまったようです。当時は更年期の最中でしたから、なおさら肌が敏感になっていたのかも…。

そのサンプルが、使ったことのないメーカーのもので、たまたま合わなかっただけかもしれません。もらってから長い時間が経っていたのかもしれません。でも、使ったことのない化粧品のサンプルは、もう使わないことにしました。

ため込んでいたサンプルのうち、使ったことのないものと、いつごろもらったか覚えていないものは処分しました。「古いものは肌によくないかも?」と心配になったからです。さらに、これまでに使ったことがあるものは日常生活の中でどんどん消費するようにしました。サンプルがため込まれていたカゴもすっきり!

ちなみに、化粧品は未開封未使用であれば3年以内、開封したら1年以内に使い切るのが目安だそう（ただし、防腐剤の有無など、ものによっても異なりますのでご自身で判断なさってください）。サンプルに限らず、使っていた化粧品に飽きてしまい、新しいものを使いはじめ、以前使っていたものはそのまま放置……ということはありませんか？　いつごろ開封したものか、チェックしてみたほうがよさそうです。

これ以降、サンプルをもらうのは遠慮しています。前は「お試しくださいませ。この春の新商品でございます」と差し出されると嬉しくて、喜んで受け取っていましたが、今は「ごめんなさい」とお断りしています。

⑪「しんどい靴」と足の老化

関節リウマチを発病して2年ほどすると、足の裏にも少し症状が出てきて、歩行時に痛みを感じるようになってきました。そこで、整形外科で相談して装具士さんに足底板（インソール）を作ってもらうことに。

自分に合う足底板を作ってもらったら、同じ靴とは思えないほど歩きやすくなりました。足底板を作る目的は、痛みの軽減、足のアーチの機能保持と矯正、変形の進行予防、体重をバランスよく支え、特定の関節に負荷がかかりすぎないようにすることです。もし、今まで履いていた靴が合わなくなってきたなら、整形外科で診てもらうとよいかもしれません。ちなみに足底板は医療保険でカバーされます。ただし、医療上必要と認められた足底板についてのみで、個数は原則1

組までです。

このような理由もあって足に合わなくなってきた靴を手放しました。なかなか捨てられなかったのに、1足手放すと全体を見直せるものですね。革が劣化していたり、ヒールが高くて歩くのが怖かったりする靴は処分。また、窮屈で履かないのに、デザインが好きだとか、値段が高かったとか、言い訳しながらあれもこれもと取っておいた靴も手放しました。

若いころは、痛い靴でもヒールが高い靴でも、おしゃれな見た目が最優先。筋力や気力でカバーできていたのだと思います。でも、もうそんな無茶はしません。

若さは取り戻せませんが、歩き方ひとつで若々しく見せることはできるはず！これからの人生、自分の足に合う靴で、姿勢よく元気に歩きたいです。

装具士さんによると、病気が原因でなくても年齢を重ねて足の形が変わってくる人がいるそう。アーチ部分が崩れて足幅が広がってしまい、今まで履けていた靴が合わなくなるのだとか。脚だけでなく、足も老化するようです。

⑫「私の歩みの記録」は1冊だけに

人から見ればなんでもないものでも、捨てられないものがあります。とくに私は、「自分の歩みの記録」はなかなか捨てられませんでした。それは、これまで自分ががんばってきた証。でも、それらを入れていた収納場所をこの先もっと生かしたいと思い、処分を決意しました。

私が自分の歩みの記録として残していたのは、教科書、専門書、楽譜、日記、家計簿、手帳、勉強や趣味などで表彰されたときの記念品です。

教科書や専門書、楽譜は、それぞれを専門に扱っている古書店に買い取ってもらいました。一般的なリサイクルショップより高値がつくかもしれないというだけでなく、そのお店で私の手放した本を買ってくれるのは、自分と同じことを勉強している人。どうせなら同志に譲りたい、という気持ちからでした。日記はすべて処分。勉強や趣味でいただいた記念品も、古紙にくるんでゴミとして出しました。

ただ、家計簿だけはすべては捨てられず、1冊だけ残しました。それはとても思い入れの強いもの。義母と同居していた夫の実家を出て、賃貸住宅に私と夫、子ども2人の家族4人で住んでいたころにつけていたものです。家計の記録とともに、どのページにも、欄外に子どもたちの成長の様子をびっしり書き込んでいました。「相変わらずウンチは4日に1回。でもトイレですることは十分わかっており、表情も豊か（1995年、息子6歳、障害がわかって3年）」「お母さん、お兄ちゃんをそんなにしからんといて（1995年、息子6歳、娘4歳）」。

これは私の宝物。ボロボロになっても虫がついても、これだけは手元に置いておくことにしました。これさえ残しておけばいいと。逆に言うと、「これ」と思えるものが1つ決まれば、ほかのものは手放せるということ。
この家計簿は、娘が結婚する前に、一緒に見てみました。「お母さんはこんなふうにしてたんやね」と娘。自分の結婚後のことを想像していたのかもしれません。同じ家計簿から、私は過去を思い、娘は未来を思っていたように感じました。娘が自分の元からいなくなるのは寂しいけど、この1冊があったからこそ、一緒に見る時間が作れてよかった、としみじみ思いました。

その家計簿には、娘が幼稚園に入る前に包装紙の裏に描いた、木村拓哉さんの絵がはさんでありました。私を喜ばせようと思って描いてくれたものです。当時、ドラマの『ロングバケーション』が大人気で、私は挿入されていた曲の楽譜を買って、家事の合間に電子ピアノで弾くくらいハマっていました。ご本人に似ているかどうかは別として、それを見るとそのときの娘の様子や、自分の奏でるピアノの音まで思い浮かびます。今度はその絵を孫たちと見られたら嬉しいです。

じつは、娘が幼稚園や小学校から持ち帰った作品は、処分して1つも残してありません。私にとっては包装紙の裏に描いてくれた絵のほうが、何倍も何倍も価値があったから、それさえあればいいと思いました。

残しておいた自分の歩みの記録は、ただしまっておくだけでなく、たまに出してきて見てみるのがよさそうです。「年を取ってしんどくなってきたけれど、また今日からがんばろう！」と切り替えるのに役立つはずです。

⑬「プレゼントや手紙」はお気持ちをいただくもの

人からもらったものは捨てにくい、捨てられない、だからたまっていく。これは私だけでなく、多くの人に当てはまることと思います。

見ることも使うこともなくなっていたプレゼントや手紙。私なりの手放し方と気の持ちようをご紹介します。

●プレゼント

プレゼントは、「もの」そのものより、その行為に意味があると思います。渡す側からすると「相手のために選んだものを贈る行為」、もらう側にとっては「いただいたという事実」に。思い切ったことを言うと、「プレゼント」が渡す側からもらう側に移動した時点で、役割はおおかた終えていると考えていいくらいです。ものと一緒にその人の気持ちはいただいています。感謝して受け取り、使ったあとは、いいタイミングで手放します。

●手紙

もらった手紙、みなさんはどうしていらっしゃいますか。今ごろは手紙ではなく、LINEかインスタグラムのDMでのやり取りでしょうか。私は、自分を励ましてくれた手紙や勇気づけてくれた手紙を、長い間大事にとっていました。封筒から出して読み返すということはないのですが、表書きを見るだけで「よし、またがんばろう!」と思えたからです。

でも5年前に、思い切ってそれらもすべて処分しました。この先を考えると、もしも私以外の人がこれを片付けることになったら、ちょっと恥ずかしいと思いました。若いころはそんなことは考えてもいなかったので、この年齢ならではですね。ところで、この恥ずかしいという気持ちは少し複雑です。誰からの手紙か知られるのが恥ずかしいというよりも、古い手紙をずっと大事に持っていたことを知られるのが恥ずかしいのです。この違い、この感覚、伝わりますでしょうか…？

誰かに片付けてもらう場面がきたということは、自分ではもうそれができない、わからないわけだから、気にしなくてもいいですか？　う〜ん、私はやっぱり気になります。気になるものは、そう思ったときに処分。手紙の思い出は心の中にしっかり残っています。だからそれでいいし、恥ずかしいという気持ちも無理に否定しないことにしました。

大切なのは、くれた人に感謝することだけでなく、そのものを生かせたかどうか。手紙なら、受け取ったときどれほど自分が励まされたか。その役目が完了したと思えたタイミングで、これからも手放していこうと思います。

⑭「子どもたちの季節のお飾り」の素敵な行き先

ひな人形や鯉のぼりが今もご自宅にある方は、どのくらいいらっしゃるでしょう？　私は50代半ばで手放しました。いずれも両親が、娘や息子（つまり両親にとっては孫）のために買ってくれた大切なものでしたが、出番がなくなってしまったころ、できるだけ罪悪感が残らない形で手放そうと思いました。

●ひな人形

娘のひな人形をはじめ、私が結婚するときに持ってきた日本人形やフランス人形は、まとめてお寺で供養してもらいました。それぞれに思い出はあったものの、もう飾らなくなっていたし、防虫剤を入れ替える最低限の手入れさえ、おっくうになっていました。ひな人形を供養してもらおうと決めたのは、娘の結婚が決まったとき。娘は「いいよ、新居にも持っていけないし」とあっさり。ひな人形は持ち主の厄を引き受けてくれるものなので、いつまで飾るという決まりはありませんが、娘が結婚するこの節目はよいタイミングだったと思います。

私が持っていった奈良県のお寺では、ひな人形や日本人形のほかに、五月人形や高砂人形、子どものおもちゃ（フィギュア）なども引き受けてくれるようでした。ダンボール箱1箱（縦×横×高さを足した長さが150㎝程度）で一口となり、供養料は5000円。お寺だけでなく、人形店や葬儀社などで供養してくれる場合もあるそうですよ。

自分でお寺へ持参すると、ひな人形がどのように供養されるか確かめられるうえ、手を合わせることができるので、罪悪感なく手放すことができます。娘夫婦と一緒に供養し、よい思い出にもなりました。

●鯉のぼり

わが家の鯉のぼりはとても大きなもの。息子が生まれたころは、義母と夫の実家で同居しており、広い庭にそれを飾ることができました。ところがその後、夫の実家から狭い賃貸住宅に引っ越すことになり、飾ることができなくなったのです。そのため、引っ越し以来、一度も出すことはありませんでした。

いよいよ手放そうと決めたのは、息子が亡くなって5年ほど経ったとき。捨てるのではなく寄付という形にしました。

以前から知っていた大阪府高槻市の「こいのぼりフェスタ1000」へ寄付させていただくことに。全国から送られてきた多くの鯉のぼりや、市内の幼稚園、保育所の子どもたちが手作りした鯉のぼりを、高槻のシンボル河川である芥川の上でいっせいに泳がせてくれるというイベントです。

市民でなくても寄付ができるのか、いつでも寄付を受け付けているかなどを聞くために電話してみると、係の女性が丁寧に対応してくれました。ここで管理していただいたり、飾ってもらえたりしたら嬉しい。私は久しぶりに鯉のぼりが入った箱を押し入れから出してきました。

高槻に送る前に、夫と一緒にその大きな鯉のぼりを部屋の中で広げ、ゆっくりと揺らしながら眺めました。すると「大きいほうを買っておこう」と言ってくれた父のことや、鯉のぼりを見上げていた息子の姿を思い出し、懐かしくて涙が出そうになりました。でも、この鯉のぼりは来年からはわが家を飛び出して、あちらで多くの鯉のぼりと一緒に泳ぐのです。その光景を思うと、なんだか心が温かくなりました。

ひな人形も鯉のぼりも、孫の成長を願って両親が買ってくれた大切なもの。でも、**過去は過去で大切にしつつ、前向きに考えてみる。思い出に、新しい思い出をプラスしていく。**そんな残し方もアリだと思っています。

⑮「着物」は売れるうちに手放す

若いころから着物が好きでした。高価なものはありませんでしたが、機会があれば着て出かけたい、と何着も持っていたものです。でも、着物は手入れが大変。いつかは整理しないと…と思って、きっかけを探していました。そんなとき、娘が出産後にわが家で過ごすことが決まり、「これはいいタイミング！」と片付けを決意！

訪問着から普段着の着物、帯や小物もすべてタンスから出し、空いている部屋へ移動。思い入れが強い着物の整理はなかなか進まず、思ったほどには減らせませんでしたが、じっくり向き合って選ぶ時間をもうけてよかったです。タンスにあった40枚ほどの中から手放すと決めたのは、約半分の18枚でした。

着物買い取り専門のお店に出張査定してもらうことにしました。着物は重たいので、こういうサービスを使うとラクです。後悔しないように、2社に見積もりをお願いすることに。整理する際に、すべての着物と帯の写真を撮っておきましたが、これがのちのち役立ちました。見積もりを取る際にも、自分の管理のためにも、そして手放す着物を写真で残しておくためにも。

2社に出張査定に来ていただいたのち、より高く値がつきそうだったお店に決めました。18枚のうち9枚しか値はつきませんでしたが、これでも割合としてはよいほうなのだとか。もっと古い着物だと、タンス1棹から1枚も買い取れるものがない場合もあるそう。査定員さん2人が、大切に抱えて持って帰ってくださいました。

これで着物の手入れがラクになるし、残した着物をより大切にできそうです。たとう紙もネットで買って、すべて新しいものに替えたら、とてもスッキリしました。いつかまた着物を手放したくなったときも、段取りがもうわかっているので安心です。

ここで、着物の買い取りで私が学んだことを、まとめておきます。

●業者選びは？

・着物買い取りの実績が多いところ（着物専門の査定員がいるところ）

・クーリングオフ制度があるところ

・出張買い取りをしているところ

これらの条件で探しました。会社のホームページの口コミにはよいことが書いてある場合が多いので、注意して読む必要がありそうです。

●値段がつきやすい着物は？

・シミや汚れがなく、きれいな状態のもの

・柄やデザインが現在の流行に合っているもの

・正絹のもの
・丈が160cm以上のもの（女性の平均身長が伸びているため）

そのほか、落款や証紙が付属していると査定額が上がるようです。それでも、おそらくみなさんが想像しているより低い値がつくと思います。保存状態がよかったとしても、流行りの柄や色でないなら値がつかない場合もあるそうなので、ショックを受けないでくださいね。有名な作家の手による着物でない限り、高値はつかないようですので。

しつけ糸がついたままだった私の地味な付け下げも、柄が古いのと不人気な色という理由から、2500円という査定額になりました。正絹ですがさほど質の高いものではないし、買った時期や元値、さらには遠くから査定しに来てもらっていることを思えば、妥当な価格なのでしょう。これはとてもいい勉強になりました。高く買い取ってもらえないのなら、リメイクをして大切に着るという方法もありますね。そんな持ち方も素敵で、憧れます。

着物を整理した翌年、さっそく手元に残した訪問着を娘に着せる機会がありました。和ダンスが整理できていたので、準備がとてもラクでした。残した着物は、また着る機会があると信じたもの。しまい込まず、大切にしながら着ようと思います。

⑯「写真」はデータ化がラクで安心

大量にあった古いアルバムや、現像したあとに袋に入れたままにしていた写真、約9000枚。大切な写真ですが、古いアルバムに貼ったまま置いていてもどんどん劣化してしまいます。年齢を重ねると、重たいアルバムを収納から出してくるだけでもしんどくなるかもしれない。それならと、50代の終わりに思い切って整理しました。

まずは写真整理のゴールを決めました。ゴール＝目標！　この片付けのゴールは、しまいっぱなしだった紙の写真をデータ化し、簡単に見られるようにすることです。写真が多すぎることはわかっていたので、まずは残したいものを選び、これまでの1割ほどに減らすことを目指しました。9000枚をデータ化しても、全部見ることはまずないと思ったからです。

写真整理はこんな手順でおこないました。

①作業の専用スペースを作る

大量の写真整理は、とても1日でできることではありません。たくさんの写真を整理するのですから、途中でしんどくなるのは当然。そんなときも、そのまま置きっぱなしにしておける場所で作業するとスムーズです。わが家には空いている和室があったので、そこをまるまる写真整理部屋にしましたが、部屋の片隅などをそのスペースにしたり、大きな箱などを用意してそこにザッと入れておいたりしてもいいかなと思います。

②すべての写真を出し、1か所にまとめる

どんな写真がどれだけあるかを確認してから、残すものを選びます。あとからあとから写真が出てくると仕分けるのが面倒になるので、とにかく一度、すべて出してみました。じつはわが家もあとから見つかった写真がありましたので、気をつけてくださいね。

③残す写真の基準を決める

どの写真を残すかは迷いどころ。基準は、自分や家族がきれいに写っているもの、動きがあってイキイキしているもの、家族と一緒に見たときに笑顔になれるもの、そしてそのときの感動を思い出せるもの。これらを選んでおけば、まず後悔することはないです。似たような写真が数枚あるなら、とっておきの1枚を残せばOK！

ところで、写真整理は古いものからはじめるか、新しいものからはじめるか、どちらからがいいと思いますか？

答えは、現在に近い写真からです。自分が若かったころの写真や、子どもが幼くてかわいかったころの写真は、どうしても思い出に浸ってしまって整理に時間がかかります。そういう写真にこそ価値があるとも言えますが、時間をかけすぎると疲れて前へ進めなくなります。写真の整理は、ぜひ、日付けの新しいものから。整理しているうちに慣れてきて、昔の懐かしい写真もサクサクと要、不要を決められるようになります。

④分類はざっくりと。複数回に分けて作業する

1990～1995年というようにざっくりと5年ごとに区切り、残すものだけカゴやケースに入れていきます。2年ごと、3年ごとでもいいのですが、写真が多い場合、細かく分類しすぎないほうがよいです。また、一度に全部終わらせようとしないで、1日2時間ずつといったように細切れに作業すると疲弊しなくてラクですよ。

⑤残す写真をデータ化してくれる業者に送る

結局、残すと決めた写真は1000枚ほどになりました。それを年代ごとにまとめて袋に入れ、業者さんから送られてきた配送キットを使って梱包し、送るだけです。コロナ禍にお願いしたこともあって時間がかかり、8か月ほどあとに

1枚のDVDにまとめられて届きました。約1000枚で1万3200円でした。

リウマチにより思うように手が動かない私にとって、写真をアルバムから剥がす作業はとても大変。初日は思い切って既知の生前整理アドバイザーの先生にお願いし、手伝っていただきました。もちろん費用はかかりましたが、自分の負担が少なく、整理のスピードも上がりました。また、9000枚全部を送ってデータ化してもらうより、手伝ってもらって枚数をうんと減らしてからデータ化したほうが、結果的にトータルの費用が抑えられるかと思います。ここまで整理できて大満足。夫や娘とも一緒に見て、懐かしんでいます。

写真は、見てこそ価値があります。たった1枚を見ただけで励まされることもあるのに、何年も見ないまま置いてあるのはもったいなかったと、整理してから気付きました。**写真整理をしたおかげで人生を振り返ることもでき、これからの**

生き方を考えることもできました。

古い写真のことが気になっている人は、ぜひトライしてほしいです。たしかに体力も気力もいりますが、とてもすっきりして、前向きになれますから。

COLUMN

思い出のものの整理の仕方

本、写真、子どものもの…「思い出のもの」はほかのものと違って片付けにくいです。「思い出のものなんだから、残しておけばいいじゃない？」「大切なものをどうして捨てなくちゃいけないの？」と思われる方もいらっしゃるでしょう。わかります。私も、たとえ使わないとわかっていても思い出のものは保管しておきたいタイプでした。

でも、その量がとても多かったらどうでしょう。日記や写真が思い出という人もいるでしょうし、服や食器やぬいぐるみが思い出という人もいる。家具や家電に思い出がある人もいるでしょう。そのすべてに思い出がある人もいます。でも思い出のものが多ければ多いほど、置いておく場所が必要になります。さらに、思い出のものはこれからも増え続けていく可能性があり、そうなるとますます収納スペースがいります。思い出のものが増えすぎて収納がいっぱいになるのは、なんだかもったいないと思いませんか？

そこで、思い出のものを仕分けるコツをまとめてみました。

残すものの基準

- 自分を勇気づけてくれるか、見ればやる気が出てくるか
- 懐かしい気持ちになれるか、笑顔になれるか

手放すものの基準

- それがなくてもがんばれると思えるか。また、そのものを見なくても記憶にしっかり焼きついていると感じられるか

手放す時期

- 手に取っても懐かしいと思わなくなってきたとき。今は新しい思い出で笑顔に

COLUMN

なれると気付いたとき

●子どもの結婚や独立、家の住み替えやリフォームのタイミング

残した思い出のものはしまい込まず、いつも見られるよう出して飾っておくのがおすすめです。小さいものは、よく目につく棚に並べると癒やされます。それを見て、ときどき家族で話すのもいいですね。また、写真に収めておいて折に触れて出しては眺めたり、器用な方ならリメイクしたりというのもありです。子どもの使わなくなったランドセルを、飾れるくらいの小さいサイズに作り変えたり、お財布に変身させたりというサービスも人気だそう。

捨てにくいものこそ、自分の価値観に沿って本当に大切なものだけを選んで残していく。これを50代のうちにやっておくと、きっとあとがラクです。親の家を見てきてしみじみそう思いました。年齢を重ねれば重ねるほど、もう使わないと

わかっていても手放すのが難しくなってくるからです。それは体力や気力の面でというだけでなく、寂しさやわびしさなどの感情が混じってくるからだとわかりました。これは見ていて切ないものです。

思い出のあるものこそ、頭がやわらかい今のうちに見極めていくのがよさそうです。誰のためでもない自分のために。私も引き続き、見直していきます！

3章

50代は楽しみどき

①エアロビクスに夢中！

私の楽しみは、学生時代から続けてきたエアロビクスです。子どもたちが幼いうちはたまにしか行けなかったのが、40代前半あたりからは週に2、3回ほど通えるようになり、どんどんハマっていきました。

そんな折、47歳で関節リウマチを発病。もう踊ることはできないと一度はあきらめかけたものの、「絶対にもう一度エアロビクスをしたい！」という思いで、副作用は強めに出るけれども効果が高いといわれる薬での治療を受けました。そして4か月後、再びレッスンを受けられるまでに回復したのです。たまたま合う薬があったのと、私のリウマチは足に出る症状が少なかったので実現したのだと思います。

4か月ぶりのエアロビクス。痛み止めを飲み、あちこちの関節にサポーターを巻いて参加したレッスンでしたが、あんなに感激したレッスンは初めてでした。そして、以降はどんどん調子が上がり、また中級のレッスンにも出られるようになっていきました。

当時は、好きなインストラクターさんのレッスンを受け、終わるとすぐさまロッカールームへ。その日の振り付けを忘れないうちにガラケーにパチパチと打ち込み、家でも自主練に励みました。全力で食らいついていって間違わずにピタッと踊れたときは、背中がゾクゾクするくらい嬉しいのです。あの快感は、一度味わったら忘れられません。エアロビクスの何が好きか?と聞かれたら、やはりこの瞬間だと答えるでしょう。

57歳のときにリウマチによる右手の手術を受けたあとも、エアロビクスはできる形で続けたいと思っていました。そもそも50代に入ったころから振り付けの覚えが悪くなってきていたし、今度はもう参加できれば満足、満足。うまく踊ることより、楽しく踊ることのほうを優先です。かっこいい音楽に合わせ、きれいな色のフィットネスウエアを着て踊っているだけで、心がキラキラしてくるのが自分でもわかります。

年齢を重ねるにつれ、昔のような難しいレッスンには出られなくなりましたが、レッスンスタジオに入る前に「今日も1か所も間違わずにやるぞー」「年齢になんか負けないぞー」と気合を入れるのは以前と同じです。いえ、前より気合いを入れています。レッスンが終わった直後の顔は、レッスン前よりひとまわり引き締まり、たるんできたまぶたもほおも少し上がったように感じられます。いえ、きっと上がっている！

そうそう、年齢を重ねるほどできるようになったこともあるのですよ。それは、派手な色とデザインのフィットネスウエアを買って、なんの迷いもなく着られるようになったこと。子どもにお金がかかる時期や住宅ローンの返済期間が終わり、やっと自分に回せるお小遣いが増えてきたということもありますが、やはり50年以上生きてきたせいか、怖いものがなくなってきたということでしょう。周りの目より自分の目。ふだんの私は定番の服ばかり選ぶ傾向があったけれど、フィットネススタジオは別世界だから着るものもそうでいい。そこにいるときだけは遠慮せず好きなウエアを着て、思う存分楽しんでいます。好きなウエアを楽しむために体形維持も心がけ、365日必ず体重体脂肪計に乗っています。エアロビクスがなければ、もともと面倒くさがりの私はこんなことはしなかったはず。

全身をくまなく鍛えながら心肺機能を高める有酸素運動ですから、初中級45分のレッスンを1本受けただけでも、今の私は帰宅後にグッタリします。それでも、思い切り動いて、笑って、汗をかいて楽しんだ日の身体は、これ以上ないほどの爽快感に包まれます。不眠気味でもよく眠れるというおまけまでついてきます。

エアロビクスは、人と関わる機会が減ってきた私に刺激を与えてくれるものでもあります。レッスンには私より20歳近くも上の先輩がいますが、「嫌になっちゃう、覚えが悪くなったわ」と言いつつも、ご自分のペースでニコニコしながら踊っていらっしゃいます。私が新しいフィットネスシューズをおろしたときもすぐに気付いてくださり、「どこで買ったの？　いいわねえ、かっこいいわねえ」と声をかけてくださいます。そんな先輩を見ていると、私などまだまだ若輩で「痛い」とか「しんどい」とか言っていられなくなります。同世代の人の中には自分と同じように介護真っ只中の人もいて、「これがあるから（がんばれる）ね！」とサラッと励ましてくれることも。同志のその一言があるだけで、私もここで踊っているときは余計な心配はしないで楽しもうと思えるのです。

話は変わりますが、大型バイクで全国をまわるのが趣味だった夫は、バイクの扱いがしんどくなってきたのか、９年ほど前、52歳でそれをやめました。その代わり、昔やっていたゴルフを再開しました。スコアがよかったときは報告してくれるので、真剣に聞いているわけじゃありませんが、私はニコニコして付き合うようにしています。夫が本当に退職したらこういう時間が増えていくはずだし、いい練習です。あ、夫も同じ気持ちで私のエアロビクスの話を聞いているかもしれませんね。

このように50代に入ったあたりから夫も私も互いの趣味を応援するようになりました。義母と暮らすようになってからは、好きなときに好きなようにとはいかないので、なおさらです。でも、お互い自分の趣味を楽しんで満足できているからこそ、デイサービスから帰ってきた義母を笑顔で迎えられると思っています。

年齢を重ね、床の上でするエアロビクスでいよいよ膝や腰が辛くなってきたら、次は関節への負担が少ないアクアビクス（水中でやるエアロビクス）に挑戦するつもりです。同じフィットネスクラブにはアクアビクスを楽しんでいる年上の女性もたくさんいらっしゃいますが、それはもう若々しくてお肌もつやつやな方ばかりなんですよ。音楽に合わせ、振り付けを覚えながら踊るのは頭の体操にもなるので、これからの私にはますます重要になるはず！

健康にもいいしストレス発散にもいい、頭の体操もできるし適度なコミュニケーションも図れる、私はそんなエアロビクスをできるだけ長く続けたいです。

②すき間時間を楽しむ！

もしも予定が変わり、1時間ぽっと空いたら何をしますか。何もしない1時間もいいですが、私は何かしたほうが満足できます。私がやりたい「1時間でできること」はこんなことです。


【読みかけの本を読む】

本はたいてい寝る前に読むので「夜のもの」というイメージ。そんな本を昼間ぽっと空いた時間に読むと、特別な感じがします。

なんだろう、このワクワクした気持ち。本当なら昼に本をゆっくり読むなんてなかなかできないのにできている。好きなことをするためだけに昼間に1時間も使っている。これがワクワクの理由かもしれません。寝る前に読むのとはまた違う、私だけの嬉しい時間になります。

【手と爪の手入れをする】

温めたタオルでホットパックをし、やわらかくなったら爪の甘皮を取ります。爪も含めた手全体にクリームを塗ってラップで包み、上から再度ホットパックをし、マッサージ。もう一度クリームとネイルオイルを塗ってマッサージ。手入れがすんだら、友達が誕生日にくれたおいしい紅茶を飲みます。この1時間は復活の時間！　ネイルオイルも、ちょっとよいものを使います。手には年齢が出るからということもありますが、私の手はリウマチで少し変形しているし、手術の大きな傷跡もあるからこそ、自己流でもスペシャルな手入れをしたいと思っています。まだまだ生きていくことになりそうな人生、この手は大切な相棒です。

1時間にすることは欲張らずゆるく決めておき、楽しむときは効率よく楽しむ。思わず声を出して笑ってしまうほど面白い本を読んだときなど、1時間でガラッと気分転換できることもあります。予定が変わると「せっかく準備していたのに」とか「早く終わらせたかったのに」とか、ネガティブな感情がわくこともあるでしょう。でも、すき間時間を楽しめるようになると、予定の変更もいいものだと感じられるようになります。

③家計簿アプリをはじめてみた！

50代半ばに入ってやっと、前から興味があった家計簿アプリを使いはじめました。ブログ友達に教えてもらった「おカネレコ」というアプリで、家計簿アプリの中でも、シンプルで便利だという噂のものです。私はこういうものに疎くてなかなか手をつけられませんでしたが、これが評判どおりとても使いやすい！　数字を打ち込むだけで即座にわかることがたくさんあり、無料のものでも十分満足できています。

気に入っているのは以下の点です。

●自分でカテゴリー（費目）を編集できる
●カテゴリー（費目）別の支出がグラフですぐ見られるため、使いすぎがひと目

でわかる
●月ごと・年ごとの過去のデータもグラフで見られるため、比較しやすい

とにかく、つけるのも把握するのも簡単です。使いこなせるようになってきたら、楽しくて。

たとえばスーパーで買い物をしたら、駐車場へ戻ってすぐにスマホを取り出し、使った金額を車内でアプリに打ち込んでいます。こうすると、使いすぎているカテゴリーが何かすぐわかるだけでなく、余裕があるカテゴリーがどこかもひと目でわかる。今日の買い物で今月の食費から少々オーバーしそうでも、まだほかのカテゴリーで余っているから月の予算は超えていない。だったらＯＫと思えます。

同じように、年間でどれくらい使ったかも円グラフですぐ確認できるので、今年は車の買い替えやリフォームでお金がかかったけれど、来年は大きなライフイ

ベントがないから貯蓄へもう少しお金を回そうか?ということも、スマホを見ながら考えられるようになりました。紙の家計簿で管理するよりずっと簡単で便利。記入漏れも減って先を見通せるようになり、お金の不安がなくなりました。安心=満足=楽しい。

ところでみなさんは、自分のお小遣いは1か月いくらと決めていますか?30代のころにさかのぼりますが、私はとある企画の家計診断に応募したことがあります。うつ病がひどく入退院を繰り返したあとだったので、夫にこれ以上甘えていてはいけないと必死で、あらゆることをがんばりすぎていました。

家計診断の先生からはこんなアドバイスが。

「上手にやりくりしていますし、ご家族への愛情も伝わってきます。でも、これからのために、ご自分のお小遣いを月3000円からでもいいので決めて使うようにしてください。そうでないといずれあなたが辛くなると思います」

そこで、毎月自分のお小遣いを決めて使うようにしました。すると、気分転換ができるようになっただけでなく、心身ともに元気になってきました。家族のためだけでなく、自分のためにもお金や時間を使うことが大切。そう考えるきっかけになりました。

今は当時より私のお小遣いも少しだけ増えましたので、介護のことや持病のことで辛くなったときはそこからお金を出して、カフェや映画館に行き、気分転換しています。お小遣いが余ってきたときは、友達のサロンでマッサージをしてもらったり、眺めのよいレストランでひとりゆっくりご飯を食べたり。お小遣いを決めていなかったら、私にはそこまでできなかったと思います。

夫は私の病気のせいで2回も転職したので、せめて私にできることを、と家計管理だけはがんばりたいと思っていました。退職金のない会社で20年以上働いた夫は、一昨年、定年を迎えました。今も同じ会社で生き生きと働きながら、空いた時間には自分の好きなことをしています。

紙の家計簿はうまくつけられなかった私ですが、家計簿アプリのおかげで全体を把握できるようにはなりました。夫のお小遣いも当分減らさなくても大丈夫だとわかり、ホッとしています。これからもマイペースで家計管理を続けていくつもりです。

④ 新しい資格にチャレンジ！

私は58歳になってから、新しいことにチャレンジしました。それは、整理収納アドバイザー1級の資格を取ること。なんとか無事に合格でき、その年の夏から1年間、毎月同じ会場で片付けのセミナーを開催することができました。小さな会場でしたが、少人数でできたのでおひとりおひとりの反応もわかり、たいへん勉強になりました。このときにいただいた感想は、私の宝物です。

ある日、セミナーにご参加いただいた私と同世代の女性から、こんなことを言われました。

「先生は、50代になってからこの資格を取ったということですか？　勉強して試験を受けたのですか？　よく決心されましたね」と。

たぶん褒めてくださったのだと思いますが、予想していなかったことで照れてしまいました。たしかに記憶力も理解力も落ちていて勉強はしんどかったですが、1級2次試験の合格率が高いから（つまり、受かりそうだったから）受けた、という理由もあったからです。それでも試験対策にはｅラーニングというオンライン学習もしていたので、いつも傍らにはスマホが。あるときは料理を作りながらキッチンで、あるときは歩きまわりながら自分の部屋で、問題集を解いていたことを思い出しました。

講義も2次試験の発表時も、いつも私が最年長。孫がいるのも、もちろん私だけ。そもそもオンライン受講にさえ慣れておらず、緊張しっぱなし。でも、30代40代の若い人に交じって勉強したり、試験を受けたりできたのは貴重な経験だったし、楽しかったです。彼女たちから学ぶこともたくさんありました。

試験前の講義を受けているとき、グループで発表することが何度かありましたが、みんな早いんですよ、飲み込みが。私が一生懸命メモをとっている間に、彼女たちは次のことをやっていました。先生の話を聞きながら収納家具の配置図まで書いて、発表の骨子をまとめてくれる人もいました。私はとにかく、足をひっぱらないようにするので精いっぱい。それでも無事にグループでの発表が終わると嬉しくて、そのときのメンバーに何度も「ありがとう」と言ってしまいました。チャレンジして本当によかったと思っています。

私は現実的な人間で、何かの役に立つとわかっていないと資格の勉強はしないタイプでした。たまたま、この資格を取ることがやりたいこと（セミナーを開いて片付けのやり方と魅力を伝える）と合致したため、衰えるいっぽうの脳でもがんばれたのだと思います。これからも、機会があればまた片付けのやり方と魅力を伝える仕事をしてみたいです。ゆっくり、前向きに、そのときを待ちます。

ふつうに過ごす中で、やりたいことが見つかった。できるかな？と思ったけれど、まずはじめてみた。すると予想していたより楽しかった。じゃあもう少しがんばってみる？　次のステップも踏んでみる？　そのぐらいの気持ちのほうが、年齢を重ねていくこれからはうまくいく気がします。

あとどのぐらい新しいことに挑戦できるかはわかりませんが、「なにか楽しそうなことがあるかも」とアンテナを張っておくことだけは忘れないようにしたいです。

これから私が挑戦したいと思っているのは、リウマチで使いにくくなった手でもできる趣味。弾けなくなったピアノの代わりになにか楽器を…と思いますが、手を使わずにすむものはなかなかないでしょうね。でも、出会いはあるかもしれません！

51歳でシンプルライフのブログを書くようになってから、私の人生は大きく変わりました。50歳で家を片付けはじめたからということもありますが、ブログを書いて収益を得られるということを教えてくれた友達の存在も大きかったです。ブログをはじめるに際してはネットで調べて独学。「部屋も心も片付けて、自分を好きになろう」を趣旨にして、できる限りそれに合わせるように記事を書いてきました。ブログにつけた広告からは、少ないながらも毎月いくらか収入を得られるようになりました。

2014年からはじめたそのブログが、本の出版やウェブサイトでコラムを書くということ、モニター記事を書くということにも繋がっていきました。整理収納アドバイザーの資格を取って対面でお伝えしようということも、ブログを続けていなければ考えなかったと思います。難しいこともたくさんあったけれど、どれもが楽しく有意義だったので、これからも続けていきたいです。

⑤ 結婚後初！ 自分の部屋を手に入れる

自分ひとりでゆっくり使える部屋が欲しいと、ずっと前から思っていました。広くなくていい、古くてもいい、ただ、そこに逃げ込めば身体も心も休ませることができるような部屋。娘が結婚する前に使っていた部屋を50代半ばでもらい、ようやくその夢が叶いました。

その部屋は、生前の息子がとても気に入っていた部屋でもありました。大量の写真の整理をしたときにこの部屋で遊ぶ息子の写真が何枚も出てきて、なかには珍しく笑顔のものもありました。娘が置いていった学習机は私の仕事机になりましたが、インクやマニキュアが取れません。でも、それもいい味になっています。

子どもたちの思い出が感じられるその部屋を、私が今、自由に使っている。息子が壊してしまったベッドも、娘が使っていたラックも処分してしまったけれど、寂しいとか切ないとかいう感情はなく、穏やかな気持ちで過ごすことができています。

自分の部屋を手に入れて、さあここからがお楽しみ。

インテリアのことはさっぱりわかりませんし、お金のかかることもできませんが、好きなテイストはあります。私はもともと暗い部屋が好き。都合よく娘が使っていた部屋には窓が1つしかなく元から暗い。これはなんとかなりそうだと、少しずつ自分好みに変えることにしました。

さかのぼりますが、私が育った実家はもともと小さい平屋で、幼いころは妹も私も自分の部屋がありませんでした。でも、妹はダンボール箱や絵本を並べて秘密基地のようなスペースを作るのが上手で、それがとてもうらやましかったのです。狭くて暗いその空間は、さぞ落ち着くだろうと思っていました。

あれから約50年、妹が作ったその秘密基地を思い出しながら、自分の部屋を模様替えしてきました。ベッドやベッドサイドランプ、デスクスタンドやカーテンを黒や焦げ茶などの暗い色に、一昨年はじめて買った自分用のイスも黒に近いブラウンのものにしました。小さめの出窓しかない私の部屋はいっそう暗くなりましたが、これがなんとも落ち着くのです。

息子が亡くなってからずっとやめていた観葉植物を育てることも、再開しました。「おはよう、今日はどう？　水は足りてる？　まだ寒いから気をつけるんだよ」。ドラマ『臨場』で、内野聖陽さん演じる倉石検視官が植物に毎朝話しかけるシーンと同じことを私もしています。

写真を飾るのも再開。もともと写真が好きで、子どもたちが小さいころはたくさん部屋に飾っていたのを、やっと少しずつ。

ここまでくるのに何年もかかりましたが、こんなふうに暮らせるのはありがたいことだと喜んでいます。これからも、ミドルシニアとなった私が癒されつつワクワクするような部屋にしていきます。

この本を手に取ってくださっている方は、おそらく子育てはほぼ終わりに近づいているかと思います。もしかしたらお子さんは家を出て、部屋が空いているかもしれませんね。可能ならそこを片付けて、自分が休める場所にしてみてほしいです。

とはいえ、そういうわけにいかない場合もあると思います。

わが家もはじめはそうでした。そこで私は、ダイニングテーブルの横に幅広で低めのチェストを置いて、自分のものを入れ、座る位置も決めてみました。ただでさえ狭かったわが家のダイニングはいっそう狭くなりましたが、自分だけのそのスペースは癒やしのスペースになりました。ダイニングは主婦が長い時間いる場所ですから、使い勝手もよく満足度が高かったです。

チェストには、メイク道具、家の書類、アイロンとアイロンマット、趣味のものなど、そこにあると私が便利なものを収納しました。家族が自分たちの部屋へ戻ったら、ひとりだけのリラックスタイム。そのスペースで、PCを開いて映画を観ながらよくお茶を飲んでいました。

50代ともなれば、簡単には下ろせないような重たいものを背負っている人が多いのではないでしょうか。その身体を休ませてあげられる部屋があるといいなと思うし、年齢を重ねていくほど、そういう場所が大切になってきそうです。そこで気持ちもリセットし、労い、明日からまたほどほどにがんばれるようにしておきたいです。

⑥「似合う色」でおしゃれする！

59歳で2度目の「パーソナルカラー診断」を受けました。この診断を受けてから、私のタンスは劇的に変わってきました！　見ると心がルンルンしてくるほどに。パーソナルカラー診断とは、自分に似合う色がどんなものか調べてもらうものです。６年前にもパーソナルカラー診断を受けましたが、そのときよりも年齢を重ねたせいか、似合わなくなってきた色が増えたように思ったのと、これから買う服は自分が若々しく元気に見えるものを、と思ったので、さらに詳しい診断を受けることにしました。

今回受けたのはカラーイメージコンサルタントの樋口かれんさんという方がおこなう「15分類進化型パーソナルカラー診断」で、一般的なパーソナルカラー診断よりも細かい分類に基づくものです。

１２０色の布を１枚１枚顔の下にあてながら似合う色を選んでもらったあと、メイク、写真撮影、コーディネートのアドバイスをいただきました。診断後に撮っていただいた写真には「誰？」と思うほどパッと明るく見える私の顔が。思わずニンマリしてしまいました。顔のそばにある色によって、こんなにも印象が変わるものなのですね。

診断により、私には黄みベースの春の色、なかでもＢｒｉｇｈｔ（輝きのある）な色が似合うということがわかりました。たとえばピンク系なら、ピーチピンク、コーラルピンク、ライトサーモン、アプリコットなど黄みを帯びたピンク。そのほか、クリアオレンジレッド、ライトターコイズ、バイオレット（パンジーの紫色のような）、イエローゴールドなど、どれも今までの私なら決して身につけなかったようなきれいな色ばかりです。

とくに嬉しかったのが、私にも似合うピンク色があるとわかったこと。それもかなりキュートなピンク色です。老け顔がコンプレックスで私には絶対に無理！と思っていた色なので、一気に若返った気分になりました。マイナス5歳？いえ10歳かも！と浮かれるほどに。もしかしたらピンク色には、女性の気持ちを明るくさせる効果があるのかもしれませんね。どのピンク色を見ていてもいい気分になりましたから。

これ以来、私のタンスにはピンク色の服が仲間入りしはじめました。また、冬でも明るいターコイズブルーのセーターも着るようになりました。ターコイズブルーは寒々しく見えるのではないかとか、おしゃれ上級者が着る色かもしれないとかでこれまでは避けていましたが、似合うとわかったからには着ない手はないです。

2時間の診断で22000円でしたが、これは価値ある投資。こんなにハッピーな気分になるならもっと早くに受けたらよかったと思うほどです。はじめは少し照れくさかったけれど、素敵な色の服を迷わず着られるようになりました。

そのうち自信もついてきて、胸を張って歩けるようになりました。この変化には自分でもびっくりです。

50歳ではじめた服減らし。最初はただ枚数を減らしてスッキリ管理しやすくするのが目標でしたが、今はそれだけじゃない。似合う色の服が詰まった、開けるたびワクワクするタンスに生まれ変わりました。「どうしよう、こんなに服でギュウギュウ詰めになっていて…」と暗い気持ちで片付けはじめた9年前には想像もできなかったことです。

つぎつぎと洋服を買っていたころは、自分に似合う服がよくわかっていなかったのかもしれません。だから不安になるし、人の着ているものがよく見えてどんどん買ってしまっていたのかもしれない。似合うものがわかった今は、衝動買いをすることもなくなったし、少ない枚数でも十分満足できています。

似合う色を教えてもらえたのは、メンタル面でもとてもよかった。若々しく、肌をきれいに見せてくれる色を自分でも選べるようになってからは、もっと楽しんでいいと希望を持つことができたからです。これから年齢を重ねて白髪が増えていったら、似合う色がまた変わるかもしれません。でも、それもまた楽しみ。

この先もずっと、心が浮き立つような色の服を着ていこうと思います。

⑦ 友達との時間

数は少ないですが大切な友達がいます。お付き合いもそれぞれ数十年と長くなってきました。そのうちの2人は50代に入ってから資格を取り、それぞれ自宅で美容系のサロンを開き、今もマイペースで続けています。身体のあちこちが痛いと言いながらも生き生きと働いている様子を伝えてもらうと、私まで元気になってきます。たとえ自分が落ち込んでいるときでも、今という同じ時間に、離れた場所で友人たちががんばっていると思うだけで、励まされることも多いです。

そのうちの1人は、小学校時代からの幼なじみ。20代になってからはあちこち一緒に旅行していた仲です。そして、ともに60歳を迎える今年の目標は還暦旅行！

結婚前に行った沖縄や与論、シンガポールなど暖かいところもいいし、スキー未経験の私を連れて行ってくれた信州もいい。オンボロのレンタカーで行った紀伊半島の温泉をまた巡るのもいいし、子どもが大きくなってから訪れた伊豆もいいなあ。

楽しかったです、お互い家のことをいっとき忘れて出かけたあの日。伊豆に向かって私は京都から、彼女は新横浜から新幹線に乗り、途中の駅で待ち合わせました。私は新幹線の中でひとり缶コーヒーを飲んだのも、エキナカの書店で文庫本を買ったのも、あの日が生まれて初めて。歌い出しそうになるほど、ワクワクしました。

月日が経ってもよく覚えているのは、どこに行ったかより、そこで何をしたかのほう。子育てにひと段落ついてから行ったその伊豆での思い出は、観光よりも、ホテルのエステルームで並んで施術してもらったときのよもぎみたいなアロマオイルの香りや、夜中の薄暗い大浴場に2人で入り、汗も拭かずにあーだこーだとおしゃべりしたことのほうでした。

「今度はせっかくの還暦祝いだし、豪華にする?」などと話し合っていますが、お互い忙しく生きてきたので、ぼーっとできればどこでもいいのかもしれません。


みなさんもそうだと思いますが、友達とは、20代前半~40代前半ごろまでは仕事や家庭、子育てなどで忙しくてなかなか会えなかったのが、50代に入ると自分の時間が持てるようになって再び交流できるようになりました。優先順位も若いころとは違うと感じます。家や家族が1番というのは同じでも、その次が趣味や仕事などをすることで、友達と過ごす時間は3番目に。でも、この3番目があるとないとでは全然違います。

友達と過ごす時間は、癒やしと刺激が半々ぐらいになっている感じが心地いい。そんな時間があるからこそ、人生が豊かになると思っています。一緒においしいものを食べ、ワハハと笑っているだけでもいい。誰かが愚痴をこぼすときはこちらは聞き役に徹するというのもいいし、その逆もいい。「それは今やめといたほうがいいんじゃない？」などと意見を言い合えるのもいいし、もし平行線のままならその件はもう流してしまえるのもいい。友達とはそんな関係。人付き合いがうまくない私だからこそ、よいときもそうでないときも知ってくれている古くからの友達を、大切にしていきたいです。

でも、新しい友達を作るのをあきらめているわけではないのですよ。縁があれば自然と仲よくなれるのが友達というものだし、その存在が人生を楽しくしてくれるかもしれないですから。

⑧なんといっても自由なひとり行動

2020年、リウマチの右手の手術から2か月後の12月、ギプスも取れ、手も動かせるようになり、「運転もそろそろいいでしょう」と先生からOKをもらって、ついに！　ひとりで往復1時間ちょっとのドライブをしました。行き先は決めず、しんどくなったら引き返すつもりで。

ふだんからよくひとりで運転はしていましたが、この日はとてつもない開放感がありました。この2か月間、物理的にも精神的にも不自由で、ひとりになれる時間が少なかったからでしょうか。車の窓越しに見えた田舎の広い空さえ特別なものに思えて、誰かに伝えたくてたまらなくなるほど感激しました。

思い起こせば、若いころからひとりで行動するのが好きでした。はじめてひとりで喫茶店に入ったのは、高校1年生のとき。隣町にある以前から憧れていた大人っぽいお店です。暗くて落ち着いた店内、窓際の席にちょっとドキドキしながら座ったことは今も忘れられません。はじめて飲んだブラックコーヒーはとても苦かったけれど、大人の女性の仲間入りができた気がして、いつまでもその場所にいたいと思ったものです。たぶんこれが、ひとりの楽しさを知った最初の出来事だと思います。

50代になって思うのは、今のうちからひとりで楽しむことにも慣れておくほうが、老後が寂しくないのではないかということ。みんな、いつまでも元気で、いつでも好きなように集まれるわけじゃないですから。

誰かと一緒に楽しめることがあるのはたしかに素敵だけれど、誰かが一緒じゃないと楽しめないとなると、できることやできる時間が限られてくると思います。

買い物に行く、映画を観る、クラシックのコンサートに行く、勉強会に参加する、紅葉狩りをする、カフェはもちろんファミレスもうどん屋さんも、私はひとりで楽しめます。もちろん友達や家族と行くのも楽しいけれど、ひとりで行く時間も大事にしたい。なんといっても自由ですから。

もしかすると、ひとりの時間があるからこそ、家族や友達といる時間が大切だと思えるのかもしれません。

⑨思い出の地をめぐる夫とのマイカー旅行

去年の春、50代最後の記念にと、夫と三重県の鳥羽へ行ってきました。鳥羽は、息子が1歳半のとき家族で訪れた場所。32年も前のことなので断片的にしか覚えていませんが、息子がぼーっと海のほうを見ていたことだけは写真で切り取ったように思い浮かべることができます。

当時はこの子に障害があることはまだわからなかったものの、反応が鈍いことはずっと心配していました。私のあとを追わない、ほとんど笑わない、砂場の砂をいつまでも手のひらから下へ落としながら眺めたり、ミニカーをひっくり返してただタイヤを指で回したりといった遊びを何時間も続ける、言葉は出ていたけれど大人に何かを伝えたいという意思も感じられないし、足の裏をケガして血が出ているのに泣きもしない、そんな子どもでした。どうしてやればいいかわからず抱きしめるとかみつかれ、途方にくれたこともあります。だからこそ、たまに笑うと愛しくて。

夫と2人で行ったこの日は、残念ながら小雨が降ったりやんだりという空模様でしたが、そのせいもあって人出は少なく、ゆっくり歩くことができました。あのときと同じように遊覧船に乗って鳥羽湾めぐりをしたり、島の中や海辺をたくさん歩いたり。歩きながら昔のことを思い、はじめは夫も私も少し寂しい気持ちになっていたものです。

ところが、息子を連れて行ったときには見られなかったイルカショーやアシカショーを見ているうちに心が温まり、寂しい気持ちに晴れ間が見えてきたような気がしました。「あのとき、ああしていれば」と思わずにいられる日がこの先にやってくる予感がしたのです。

「この子は幸せだったんだろうか」

息子が亡くなったあとはこの思いに長い間縛られていましたが、昔みんなで行った場所を歩いたことで、私は今を楽しめばいいと思えるようになりました。昔の思い出を書き換えてしまうのではなく、新しい思い出を加えていくこともできると。みんなで行った日のことを忘れなかったように、2度目に夫と行った日のこともきっと私は忘れません。70歳になっても80歳になっても。

思い出の場所めぐりは今後も続けていきます。

あとがき

この家を買って23年になります。息子のことがきっかけで賃貸に住みにくくなり、あわてて決めた家でした。当時は収納が多い家こそよい家と思い込んでいたので、狭くても日当たりが悪くても満足していました。でも、私はそれに甘えてずいぶんものを増やしてしまいました。そもそもゴミじゃない限り、「捨てる」という発想がありませんでした。片付けているつもりでも家の中はすぐ散らかるし、それを息子のせいにしてしまう自分も嫌だったし、片付けから逃げていたことにも気付きました。このままじゃ、きっと未来は暗い…。

50歳で思い切って家じゅうの片付けをはじめてからもうすぐ10年。かなりの量のものを捨ててきましたが、この間は紆余曲折。息子の遺品整理がきっかけだったので迷うことが多かったし、いつも前向きな気持ちで片付けていたわけでもありませんでした。

でも今は、きっかけは関係なかったかもしれないと思っています。それほど今の暮らしがラクになり、身体も心も軽くなったのを、ひしひしと感じているからです。

それは単に探しものがなくなったとか、お金の無駄遣いが減ったとか、掃除がラクになったとかいうことだけではありません。私がもっとも感じた効果は、自己肯定感が高くなったこと。意識が変わったことです。

前向きになっただけでなく、「自分」を主語にして考えることができるようになりました。たとえばキッチンマットひとつをとってもそう。「床の拭き掃除をするのが面倒」と敷いていたものを、義母と暮らすようになってからは「義母がキッチンマットにつまずいてもしケガをしたら『私が』後悔する」と思って敷くのをやめました。何か思うようにいかないと、私はすぐに人のせいにしたり環境のせいにしたりというタイプだったので、だいぶ変わったと思います。
自分がどうしたいか、どう思うかを軸にしたほうが、やめるにせよはじめるにせよ、すっきり納得できるということもわかりました。50代になっても自分の意識を改革できるなんて思ってもいなかったので、とても嬉しいです。

家族に歴史があったように、家にも歴史があった。辛いこともあったけどいいこともたくさんあった。持っていないものやなくなったものを追うのはやめて、今あるものに目を向けたい。身体が弱くなってきたり介護があったりで思うようにいかなくても、工夫と考え方次第でなんとでも変えていける。そのために大切なのは自分を労ってやること、「これからも頼むね」と自分に言ってやることだと思います。

最後になりましたが、昨年の春に私に声をかけてくださり、最後まで伴走してくださった編集者の池田裕美さんに、心よりお礼申し上げます。私の面倒くさい性格のせいでどれほどお手数をおかけしたことか！　また、私の知らないところでこの本に関わってくださったみなさん、ブログを長年にわたって読んできてくださっている読者の方々、整理収納や生前整理の魅力を教えてくださった先生方にもお礼を申し上げます。そして、いつもそばにいて励ましてくれた家族や友達にも、この場を借りて、ありがとう。

この本が、読んでくださるみなさんの背中をそっと押す存在になりますように。

原田さよ

1963年、奈良県生まれ、在住。整理収納アドバイザー1級、生前整理アドバイザー1級。息子の遺品整理がきっかけで、50歳から家じゅうの片付けをはじめる。夫と義母（要介護2）の3人暮らし。娘は2018年に結婚、孫は2人。2014年に開設したブログ「さよのシンプルライフブログ」は月間22万PVを集め、ランキング上位の常連。著書に『今日からだれでも、片づけ上手。 モノ、迷い、重たい気持ちとサヨウナラ』（SBクリエイティブ刊）がある。

50代はやめどき、捨てどき、楽しみどき

発行日　2023年4月3日　初版第1刷発行

著者　原田さよ

デザイン　千葉佳子（kasi）
撮影　山川修一
イラスト　フジマツミキ
校正　西進社

発行者　小池英彦
発行所　株式会社 扶桑社
〒105-8070
東京都港区芝浦1-1-1
浜松町ビルディング
電話　03-6368-8872（編集）
03-6368-8891（郵便室）
www.fusosha.co.jp

DTP制作　アーティザンカンパニー株式会社
印刷・製本　株式会社広済堂ネクスト

ISBN978-4-594-09382-2